상장제의례 한문

양 무 석

머리말

1990년대 후반 대학에 정규 장례지도학과가 개설된 이래, 어느덧 20여 년의 연륜이 쌓여가고 있다. 그 동안 장례지도과는 우리나라의 장례문화의 위상 제고에 많은 공헌을 하였다. 그리하여 대학에서 배출된 많은 젊은 장례지도사들은, 척박한 우리의 장례문화의 현실에도 불구하고, 열정과 사명감을 가지고 현재 장례문화의 패러다임 전환을 위해 노력하고 있다.

주지하다시피 장례문화는 보수적인 측면이 매우 강하다. 따라서 생각처럼 변화와 전환의 물결이 그렇게 가시적이지는 않다. 그런 의미에서 변화의 정북방향을 꿰뚫어보기 위해서는, 우선 먼저 우리의 전통 장례문화를 온고이지신(溫故而知新)하려는 학문적 자세가 필요하다.

그런데 온고이지신(溫故而知新)을 하려 함에 있어 우선적으로 만나게 되는 장벽이 한문이다. 사실 우리의 전통 장례문화를 이해하기 위해서는, 먼저 전통언어 문자인 한문을 극복하지 않으면 안 된다. 그러나 오늘날 한글세대들에겐 한문극복의 문제가 생각처럼 그리 쉽지는 않을 것이다. 그럼에도 불구하고, 장례문화를 온고이지신하여 새롭게 이끌고 가기 위해서는, 이 관문을 피해 갈 수는 없다.

본 교재는 이러한 문제의식을 충분히 감안하여, 전통 장례문화의 바이블(Bible)이라고 감히 말할 수 있는 『주자가례』와 『사례편람』에 등장하는 중요한 단어와 내용들을 중심으로, 상장제의례 관련 한자와 한문들을 정리해 놓은 것이다.

흔히 전통 장례는 총 19단계의 절차로 이루어진다고 말한다. 『사례편람』의 상례 편은 바로 이 19단계의 세목차로서 구성되어 있다. 본 교재는 바로 이러한 절차를 중심으로 각 세목에서 등장하는 상장제의례 관련 한자와 한문들을 단어 중심, 개념 중심으로 수집 정리해하여 보았다. <상례>부분 용어는 주로 『주자가례』를 많이 참조하였고, <제례>부분 용어는 『사례편람』을 주로 참조하였다. 단 <상례>부분 용어 중 <19단계 : 吉祭>부분과 <附 : 改葬>부분은 『사례편람』을 전적으로 참조하였다. 왜냐하면 『주자가례』에는 이 부분이 빠져있기 때문이다. 기타 풍수 내지 장묘와 관련된 기본적인 한자 및 한문 용어들도 간단히 수집 정리하여 보았다.

이제 이러한 상장·제의례 관련 단어 및 개념들을 한자 및 한문 중심으로 미리 연마한 연후에 『주자가례』와 『사례편람』 등등의 상장·제의례 관련 주요 문헌들을 섭렵하게 된다면, 아마도 우리의 전통 장례문화의 핵심을 이해하는 데도 많은 도움이 되리라 믿어 의심치 않으며, 또한 이를 통해 장례문화의 온고이지신(溫故而知新)도 수월하게 가능하리라 본다.

그밖에 출생(出生), 간지(干支), 절기(節氣), 민속명절(民俗名節), 세시(歲時), 예속(禮俗) 등등에 관한 한자 용어들도 부록(附錄)으로 정리하여 보았다. 필요에 따라 참고가 되었으면 한다.

2017. 2. 28.

저자 식

목 차

제1장

한자 이해의 첫걸음

1. 한자의 역사

한자는 오랜 역사를 가지고 있다. 일설에 의하면 한자는 약 5천 년 전 중국 상고시대 황제(皇帝)의 사관(史官)인 창힐(蒼頡)이 새와 짐승의 발자국을 보고 처음 만들었다고 한다(『說文解字』『淮南子』. 또한 복희(伏羲)라는 신인이 자연현상을 상징적으로 표시하여 팔괘(八卦)를 만들었다는 팔괘기원설도 있고(『周易』「繫辭傳」), 나아가 신농씨(神農氏)가 새끼를 매듭지어 기록을 했다는 결승설(結繩說)도 있다(『周易』「繫辭傳」).

그러나 이러한 문자창조설은 하나의 신화일 뿐 현대의 언어학자들은 이를 그대로 받아들이지는 않는다. 사실 한자는 한 두 사람의 창조로 이루어진 것은 아니며, 오랜 세월 동안 여러 단계의 변천과정을 거쳐서 이루어진 문자체계라고 말할 수 있다.

현대 한자의 기원으로 공인된 글자는 은나라의 수도인 은허(殷墟)에서 발견된 갑골문자(甲骨文字)이다. 갑골문자는 거북이의 배나 짐승들의 뼈에 점복(占卜)의 기록을 새긴 것인데, 이미 상형자(象形字), 지사자(指事字), 회의자(會意字)와 같은 한자의 짜임을 갖추고 있었다. 이러한 초기 한자의 발견은 한자의 역사를 보다 과학적으로 살펴볼 수 있는 중요한 계기가 되었다.

갑골문은, 청동기에 주로 쓰인 금문(金文)에 이어, 주(周)에 와서는 그 글자체가 바뀌어 대전(大篆)이라 부르게 된다. 대전(大篆)은 일명 주문(籒文)이라고도 하는데, 주(周)의 선왕(宣王) 때 태사(太史)였던 주(籒)가 당시의 갑골문이나 금문 등 옛 글자체를 정리하여 만들었다 하여 칭해진 이름이다.

주(周)이후 춘추전국시대에는 각 나라마다 서로 다른 글자체를 썼는데, 중국을 최초로 통일한 진시황은 문자의 체계마저 통일하였다. 이 때 진시황이 당시의 승상 이사(李斯)에 명하여 만들어진 문자체가 바로 소전(小篆)이다.

이 소전(小篆)을 바탕으로 한(漢)나라 때는 정막(程邈)이 만들었다는 예서(隷書)가 보급되었으며, 동시에 흘려 쓰는 초서(草書) 등장하였고, 그런데 초서가 너무 흘려 써서 알아볼 수 없게 되는 폐단이 있자, 단정한 글씨체인 해서(楷書)와 그 중간 형태인 행서(行書)도 등장하였다.

우리나라에 한자가 전래된 것은 기원전 108년, 즉 한(漢)나라의 무제(武帝)가 한사군(漢四郡)을 처음 설치한 때로 보통 추정되고 있다. 이후로 한자는 공식적인 외교문서나 역사기록, 명문(銘文), 탑기(塔記) 등에서 주요한 기록문자로 활용되었다. 사실 과거 우리나라의 모든 기록은 거의 한자에 의존하지 않은 것이 없는 실정이다.

때로는 순수 우리말을 한자의 음을 빌려 쓰기고 하였고, 현토(懸吐)나 향찰(鄕札), 구결(口訣), 이두(吏讀) 등을 우리말을 보조하는 표기법으로 사용하기도 하였다. 때로는 필요에 의해 중국에도 없는 한자를 만들어서 사용한 경우도 있었다. 예컨대 답(畓), 돌(乭), 걱(巪), 둘(乧) 등이 그 예이다.

이러한 한자의 영향은 세종대왕의 한글 창제 이후에도 계속되었다. 그리하여 지금도 여러 전문분야에서 사용되고 있는 전문어 및 학술용어는 한자어가 태반이다. 장례분야 역시 마찬가지이다. 오늘날 한자 및 한문 교육이 필요한 이유가 바로 여기에 있다.

2. 한자의 특성

한자는 각각의 글자가 하나의 음절을 나타내는 동시에 하나의 형상과 개념을 나타내며, 또한 모양[形]·소리[音]·뜻[義 ; 訓]의 세 가지 요소를 함께 갖추고 있는 것이 특징이다. 예컨대, 우리말에서는 '바'와 '다' 또는 'ㅂ, ㅏ, ㄷ, ㅏ'가 합해져서 '바다'가 되고, 영어에서는 'beau, ti, ful' 또는 'b, e, a, u, t, i, f, u, l'이 합해져서 '아름답다'는 뜻이 되는 것과는 달리, 한자는 그냥 '海', '美'라는 한 글자로서 하나의 개념을 나타내는 것이 가능하다. 또한 우리말의 'ㅅ, ㅏ, ㄴ'은 실제의 산과 글자 모양이 아무런 관계가 없지만 '山'은 실제의 산 모양과 흡사하다.

나아가 한자는 훈(訓 ; 의미요소)과 음(音 ; 발음요소)로 이루어져 있다. 예를 들어 '月'에서 훈은 '달'이고, 음은 '월'이다. 그리고 '日'에서 훈은 '날 ; 낮'이고 음은 '일'이다.

음(音)이란 한 글자를 다른 글자와 청각적으로 구별해 주는 요소이다. 대개는 1자 1음이지만, 경우에 따라서는 1자 2음, 1자 3음인 것도 있다. 예를 들면 '惡'자는 '선악(善惡)'에서는 '악'으로 읽지만, '증오(憎惡)'에서는 '오'로 읽는다. 이 외에도 다음과 같은 예들이 있다 :

說 - 말씀 [설], 기쁠 [열], 달랠 [세]
北 - 북녘 [북], 달아날 [배]
樂 - 풍류 [악], 좋아할 [요]

다음으로 훈(訓)이란 글자의 내용, 즉 글자에 담긴 뜻이다. 점차적으로 뜻이 갈라져 나가, 한자 1자에 수 개 내지 수십 가지의 뜻이 있는 글자도 있다. 다음의 예들을 보자 :

易 - 쉽다 [이], 바꾸다 [역]
數 - 셈하다 [수], 자주 [삭], 촘촘하다 [촉]
簡 - 간단하다, 편지 [간]
警 - 경계하다, 깨우치다 [경]

제2장

육서(六書)와 부수(部首)

1. 육서(六書 ; 한자의 구성 원리)

한자가 만들어진 원리에 관한 가장 뚜렷한 학설은 한(漢)나라 때 허신(許愼)이 그의 저서 『說文解字』에서 밝힌 <六書>라는 방법에 나타나 있다. 이 六書는 한자를 만드는 원리(象形, 指事, 會意, 形聲)와, 한자를 활용하는 원리(轉注, 假借)로 나누어지나, 보다 중요한 것은 글자를 만드는 원리이다.

1) 상형(象形)

눈에 보이는 구체적인 사물의 모양을 본떠서 글자를 만드는 방법으로, 이 방법으로 만들어진 글자를 상형자(象形字)라 하며, 상형자는 대략 600~700자 정도 된다.

예 日(일 : 해의 모양을 본뜬 것)
月(월 : 달의 모양을 본뜬 것)
山(산 : 산의 모양을 본뜬 것)
耳(이 : 귀의 모양을 본뜬 것)
人(인 : 사람의 모양을 본뜬 것)
木(목 : 나무의 모양을 본뜬 것)

2) 지사(指事)

지사는 사물, 사실을 가리킨다는 뜻이다. 추상적인 사물의 뜻을 구체적인 부호나 도형으로 대신 나타내어 그 뜻을 가리키게 하여 글자를 만드는 방법으로, 指

事字도 대략 600~700字 정도 된다.

예 一, 二 (일, 이 : 수를 기호화한 것)
上, 下 (상, 하 : 기준이 되는 선의 위와 아래에 · 을 찍어 표현)
天 (천 : 하늘이 사람 위에 있음을 나타낸 것)
本 (나무의 뿌리를 나타낸 것)

3) 회의(會意)

이미 만들어진 글자들을 합쳐 새로운 뜻의 글자를 만드는 방법으로, 이 방법으로 만들어진 글자를 會意字라고 한다.

예 林 (림 : 木 + 木)
森 (삼 : 木 + 木 + 木)
竝 (병 : 立 + 立)
炎 (염 : 火 + 火)
明 (명 : 日 + 月)
信 (신 : 人 + 言)
男 (남 : 田 + 力)

4) 형성(形聲)

의미요소(訓)와 발음요소(音)가 결합하여 만들어진 글자이다. 전체 한자의 약 80%가 형성문자이며, 차후로도 계속 만들어질 가능성이 있다.

예 梅 (매 : 木[의미요소] + 每[발음요소])
問 (문 : 門[발음요소] + 口[의미요소])
洋 (양 : 氵[의미요소] + 羊[발음요소])

5) 전주(轉注)

이미 있는 한자의 뜻을 더 늘인 방법으로, 곧 한자의 본래 뜻을 바탕으로 하여 본래의 뜻과 관계있는 다른 뜻으로 바꾸어 쓰는 것을 말한다. 轉注는 새로운 글자를 만드는 造字의 방법이 아니고, 기존에 만들어진 글자를 효과적으로 운용하는 방법이다.

예 樂 (락 : 즐겁다, 악 : 음악, 요 : 좋아하다)
惡 (악 : 나쁘다, 오 : 미워하다)
更 (경 : 고치다, 갱 : 다시)
度 (도 : 법도, 탁 : 헤아리다)

6) 가차(假借)

假借 역시 造字의 방법이 아니고, 轉注와 함께 기존에 만들어진 글자를 효과적으로 운용하는 用字의 방법이다. 어떤 사물을 문자로 나타낼 때, 그와 관계가 없는 뜻의 글자라 하더라도 소리가 같으면 빌려서 쓰는 방법을 말한다. 대명사나 외국어의 표기에 많이 사용된다.

예 아세아 (亞細亞 : Asia)
불타 (佛陀 : Buddha)
丁丁 (정정 : 나무를 찍는 소리)
堂堂 (당당 : 버젓하고 정대한 모양)
可口可樂 (가구가락 : 코카콜라)

2. 부수(部首)와 필순(筆順)

1) 부수(部首)란?

한자 한 글자 한 글자의 뜻을 풀어 모아 자전(字典)을 만들 경우, 찾아보기 쉽게 배열하기 위하여 수많은 한자의 형태를 분석하여 서로 공통되는 부분이 있는 글자들끼리 모을 필요가 있는데, 이럴 경우 이 글자의 집단을 '部'라고 하며, 각 부의 글자들에서 서로 공통되는 부분을 '部首'라 한다.

2) 部首의 구실과 변형(變形)

部首는 주로 象形字와 指事字로 되어 있어서, 그 部의 가장 기본이 되는 글자 구실을 할 뿐만 아니라 글자의 개략적인 뜻을 나타내므로 字典에서 글자의 음과 뜻을 찾는 데에 활용할 수 있다.

현재 部는 1획에서 17획까지 모두 214部로 확정되어 있으며, 따라서 部首도 214글자이다. 한편 部首 글자는 다른 글자와 합쳐져 새로운 글자를 이룰 경우, 놓이는 위치에 따라 모양이 달라진다. 중요한 部首를 몇 가지 들어보면 다음과 같다 :

草部(꽃, 풀 등 식물과 관련 있는 것들) - 茶, 花, 萌, 葛
人部(사람과 관련 있는 것들) - 位, 休, 信, 佛
心部(사람의 마음과 관련 있는 것들) - 志, 性, 快, 情, 恤, 愛
刀部(칼과 관련 있는 것들) - 刑, 判, 別, 分, 切
口部(입, 먹고 마시는 일과 관련 있는 것들) - 告, 味, 吸, 唱, 鳴
火部(불과 관련 있는 것들) - 炎, 炳, 炭, 烹, 焚, 熏
土部(흙, 땅, 장소와 관련 있는 것들) - 地, 場, 基, 垢, 塚
手部(손과 관련 있는 것들) - 打, 投, 承, 拉, 技, 拍
水部(물과 관련 있는 것들) - 江, 河, 海, 池, 永, 泉
木部(나무와 관련 있는 것들) - 林, 森, 杉, 李, 桂

3) 필순(筆順)

붓을 한 번 그어서 이어 쓴 것을 획(劃)이라 하고, 한 글자의 획의 수를 획수(劃數)라 한다. 필순이란 획순(畵順)이라고도 하는데, 한자를 쓰는 순서를 말한다. 옛날 죽간(竹簡)에 붓으로 써야 했던 한자의 특성상 글자 모양이 네모반듯하게 써지도록 되어 있기 때문에 필순도 그에 맞추어져 있다. 따라서 한자를 그림 그리듯이 하지 않으려면 꼭 필순에 따라 쓰도록 해야 하며, 실제로 초보자일수록 한자의 특성에 맞게 만들어진 한자쓰기 교재에 직접 써보면서 연습하는 것이 좋다. 일반적으로 필순의 기본원칙은 다음과 같다 :

1. 위에서 아래로 쓴다 : 高, 三
2. 왼쪽에서 오른쪽으로 쓴다 : 好, 川
3. 가로획과 새로획이 서로 만날 때 가로획을 먼저 쓴다 : 里, 十
4. 삐침과 파임이 만날 때 삐침을 먼저 쓴다 : 父
5. 좌, 우가 나란히 있을 때 가운데를 먼저 쓴다 : 小
6. 안과 바깥쪽이 있을 때 바깥쪽을 먼저 쓴다 : 國, 內
7. 글자 전체를 꿰뚫는 세로획은 나중에 쓴다 : 中, 牛
8. 오른쪽 위의 점은 나중에 쓴다 : 犬

4) 주의해야 할 부수 찾기

乳(유)	乙(새을)	熱(열)	火(불화) ; 灬
使(사)	人(사람인) ; 亻	爭(쟁)	爪(손톱조) ; 爫
刻(각)	刀(칼도) ; 刂	牧(목)	牛(소우) ; 牜
危(위)	卩(병부절방)	通(통)	辵(쉬엄쉬엄갈착, 책받침) ; 辶
恨(한)	心(마음심) ; 忄	球(구)	玉(구슬옥)
打(타)	手(손수) ; 扌 ; 才	羅(라)	网(그물망) ; 罒 ; 罓
漢(한)	水(물수) ; 氵	考(고)	老(늙을노) ; 耂
獨(독)	犬(개견) ; 犭	能(능)	肉(고기육) ; 月
藥(약)	艸(초두) ; 艹 ; 䒑	祝(축)	示(보일시) ; 礻
郡(군)	邑(고을읍) ; 阝	復(복)	衣(옷의) ; 衤
院(원)	阜(언덕부) ; 阝	美(미)	羊(양양)
效(효)	攴(등글월문, 칠복) ; 攵	餘(여)	食(밥식)

3. 한자와 단어

한자가 일정한 음(발음요소)과 뜻(의미요소)을 지니고 있다고 해서, 낱낱의 한자가 항상 단어로 쓰일 수 있는 것은 아니다. 일반적으로 단어란 '의미를 지닌 최소의 자립 형식'으로 정의되는데, 이렇게 본다면 한자마다 뜻을 지녔다고 해서 모두 단어인 것은 아니고, 단순한 형태소에 지나지 않는 경우도 얼마든지 있다.

예를 들어 '실솔입아상하(蟋蟀入我牀下 : 귀뚜라미가 내 침상 밑으로 들다)'에서 6개의 한자가 모두 제각기 단어인 것이 아니라, '실솔(蟋蟀 : 귀뚜라미)'은 두 개의 형태소가 합하여 하나의 단어를 이룬 것이다. 단어는 구성방식에 따라 다음과 같이 나눌 수 있다 :

1) 단일어

하나 또는 둘 이상의 한자가 형태소의 자격으로 서로 어울려 하나의 뜻만을 나타낼 때, 그 단어를 단일어라 한다.

(1) 1음절 단일어 : 日, 月, 門, 窓, 銀, 病, 色, 善, 江 등
(2) 2음절 이상의 단일어 : 葡萄, 石榴, 珊瑚(산호), 總角, 印度, 伊太利 등

2) 복합어

둘 이상의 한자가 어울릴 경우, 서로 떼어 놓아도 각각 하나의 의미를 나타내는 단어가 되고, 합하면 또 새로운 의미를 나타내는 단어가 될 수 있을 때, 그 단어를 복합어라고 하는데, 2음절 이상의 한자어는 대부분 형태소를 둘 이상 포함한 복합어에 해당된다. 복합어는 다시 합성어와 파생어로 나눌 수 있다.

(1) 합성어

구성 요소가 서로 자립적으로 쓰일 수 있는 한자로 이루어진 단어

① 주+술 관계 : 日出, 日沒, 夜深, 心弱, 心亂, 地方, 年小, 花開 등
② 술+목 관계 : 讀書, 卒業, 求職, 受業, 懷古, 植木, 頌德 등
③ 술+보 관계 : 有能, 有名, 多量, 無法, 非理, 非常, 登山, 入學 등

④ 수식 관계 :

- 관형어 전접어 : 善政, 妙技, 戰士, 美人 등
- 부사어 전접어 : 徐行, 必勝, 北上, 上向 등
- 부사어 후접어 : 在京, 在職, 在中, 引上 등

⑤ 병렬 관계 :

- 대립 관계 : 多少, 高低, 長短, 往來, 喜怒
- 유사 관계 : [뜻이 같은 경우] 星辰, 土地, 計算, 希望, 海洋, 存在 등
  [첩어(疊語)인 경우] 明明, 洋洋, 落落, 樂樂 등
  [뜻이 비슷한 경우] 正直, 公正, 善良 등
- 대등 관계 : 父母, 子女, 夫婦, 言行, 忠孝, 興亡, 男女, 與否, 東西, 高低, 長短, 利害 등

(2) 파생어

구성 요소 중 하나는 자립적으로 쓰일 수 없는 한자로 이루어진 단어

예 假建物, 高次元, 未開拓, 大都市, 再調査, 副會長, 沒價値, 無所有, 書店街, 人文系, 地域別, 西洋式, 政治界, 技能工, 否定的 등

제3장

한문 문법의 이해

1. 우리 한자어 구성과 한문 문장 구조 동일

1) 주어 + 서술어

- 해가 지다 = 日沒
- 마음이 어지럽다 = 心亂

2) 서술어 + 목적어

- 책을 읽다 = 讀書
- 옛일을 생각하다 = 懷古

3) 서술어 + 보어

- 산에 오르다 = 登山
- 이로움이 있다 = 有益

4) 수식어 + 피수식어

(1) 형용사 + 명사 : 큰 바다 = 大海
떨어진 꽃 = 洛花
(2) 부사 + 형용사 : 지극히 높다 = 至高
매우 크다 = 甚大
(3) 부사 + 동사 : 구름처럼 모이다 = 雲集
빨리 달리다 = 疾走

5) 병렬 관계

(1) 대립 관계 : 기쁨과 슬픔 = 喜悲
스승과 제자 = 師弟
(2) 유사 관계 : 참고 견딤 = 忍耐
있음 = 存在
(3) 대등 관계 : 충성과 효도 = 忠孝
형과 아우 = 兄弟

2. 영어 문장 형식과 유사

한문은 영어와 문장의 구성이 거의 유사하다. 우리가 영어를 처음 배울 때 접하게 되는 이른바 영어 문장의 5형식은 한문 문장에도 그대로 적용된다. 따라서 영어에서 익숙해진 구문을 통해서 한문 문장 구성을 이해해 볼 수도 있다.

1) 1형식 : 주어 + 서술어

- 하늘이 높다 : 天高
- 꽃이 피다 : 花開 [참고 : 花開昨夜雨 花落今朝風]

2) 2형식 : 주어 + 서술어 + 보어

- 나는 학생이다 : 我學生也
- 몸의 허물은 없애기 쉽다 : 身過易去

3) 3형식 : 주어 + 서술어 + 목적어

- 지혜로운 자는 물을 즐긴다 : 知者樂水
- 나는 머리 둘 달린 뱀을 보았다 : 我見兩頭蛇

4) 4형식 : 주어 + 서술어 + 간접목적어 + 직접목적어

- 부모가 자녀에게 책을 주었다 : 父母賜子冊

5) 5형식 : 주어 + 서술어 + 목적어 + 목적보어

- 부모님은 나를 어린애라 부른다 : 父母稱吾幼兒
- 공자가 노자에게 예를 물었다 : 孔子問禮於老子

3. 문형의 종류

1) 평서문

보통은 '也, 矣' 등의 어조사가 사용되어, '~이다'와 같이 긍정의 뜻을 나타내는 문장의 형식을 말한다.

- 朝聞道夕死可矣 : 아침에 도를 들으면 저녁에 죽어도 좋다.
- 金先生善談笑 : 김 선생은 우스갯소리를 잘했다.
- 信者 人之大寶也 : 믿음은 사람의 큰 보배이다.
- 勤爲無價之寶 : 근면함은 값을 따질 수 없는 보배이다.

2) 부정문

'~아니하다', '~이 아니다', '~못하다', '~이 없다' 등으로 풀이되는 문장으로 不, 非, 未, 無, 弗 등의 부정어가 쓰인다. 이 중 '非'는 명사만을 부정한다.

- 歲月不待人 : 세월은 사람을 기다리지 않는다.
- 盛年不重來 : 젊은 날은 다시 오지 않는다.
- 一寸光陰 不可輕 : 잠깐의 시간도 가벼이 할 수 없다.
- 無是非之心 非人也 : 선악시비를 가리는 마음이 없으면 사람이 아니다.
- 言不可不愼也 : 말은 삼가지 않은 수 없다.

3) 부정명령문(금지문)

'~하지 말라', '~하지 못한다'는 금지의 뜻을 나타내는 것이다. 勿, 毋, 無, 莫 등이 들어간다.

- 無道人之短 無說己之長 : 남의 단점을 말하지 말고 자기의 장점을 말하지 말라.
- 己所不欲 勿施於人 : 자기가 하기 싫은 바를 남에게 베풀지 말라
- 毋友不如己者 : 나만 못한 사람과 벗하지 말라
- 不患人之不己知 : 남이 나를 알아주지 않는 것을 근심하지 말라

4) 의문문

문장의 끝에 '乎, 與, 耶, 也' 등의 종결사가 오거나 문장의 앞이나 가운데 '何, 誰, 孰, 安' 등의 의문사가 위치하여, '~인가?', '~이오?', '~이리까?'와 같이 의문의 뜻을 나타내는 문장의 형식을 말한다.

- 事天有盡與 : 하늘을 섬김에 다함이 있었는가?
- 汝何國臣乎 : 너는 어느 나라 신하인가?
- 何以知之 : 어찌하여 그것을 아는가?
- 漢陽中 誰最富 : 한양에서 누가 최고 부자인가?
- 禮與食 孰重 : 예와 식은 어느 것이 중한가?

5) 반어문

반어의 뜻을 지닌 '豈, 何, 安, 焉, -乎, -哉, -也, -與' 등이 의문문의 형식으로 쓰여, '어찌 ~하겠는가?', '어찌 ~이리오?', '또한 ~하지 아니한가?'와 같이 반어의 뜻을 나타내는 문장의 형식을 말한다.

- 不入虎穴 安得虎子 : 범굴에 들어가지 않고 어찌 범의 자식을 얻을 수 있겠는가
- 割鷄焉用牛刀 : 닭을 잡는데 어찌 소 칼을 쓰겠는가
- 未知生 焉知死 : 삶도 알지 못하거늘 어찌 죽음을 알겠는가
- 學而時習之 不亦說乎 : 배우고 때로 이를 익히면, 또한 기쁘지 아니한가

6) 비교문

비교하거나 선택하는 문장으로 於, 于, 乎, 如, 若, 不如, 不若, 莫如, 莫若 등이 사용되어, 'A가 B보다 어떠하다'거나 'A가 B보다 어떻다'와 같이 서로 비교하는 뜻을 나타내는 문장 형식이다.

- 學問如逆水行舟 : 학문이란 물을 거슬러 배를 타는 것과 같다.
- 霜葉紅於二月花 : 서리 맞은 잎은 2월의 꽃보다 더 붉다.
- 百聞不如一見 : 백 번 듣는 것이 한 번 보는 것만 같지 못하다.
- 交友之道 莫如信義 : 친구를 사귀는 길은 신의만 한 것이 없다.
- 氷 水爲之而寒於水 : 얼음은 물로써 만들지만 물보다 더 차다.
- 禮與其奢也 寧儉 : 예는 사치스러운 것보다는 차라리 검소한 것이 낫다.

7) 가정문

문장의 앞에는 '若, 苟, 如, 雖' 등의 가정어가 사용되면서 '則'과 호응되기도 하여, '만약 A하면, B한다'와 같이, A의 부분은 '가정, 조건, 원인, 양보' 등의 의미를 나타내면서, B의 부분은 '결과'를 나타내는 문장의 형식을 말한다.

- 春若不耕 秋無所望 : 봄에 만약 밭을 갈지 않으면, 가을에 바랄 바가 없다.
- 水至淸則無魚 : 물이 너무 맑으면 고기가 없는 법이다.
- 若不修德則一世而亡 : 만약 덕을 닦지 않으면 한 세대 만에 망할 것이다.

8) 사역문

사역의 뜻을 나타내는 '使, 令, 敎, 遣, 俾' 등이 사용되어, 'A가 B에게 어떤 동작을 시킴'을 나타내는 문장의 형식을 말한다.

- 使民衣食有餘 自不爲盜 : 백성들로 하여금 의식주를 여유 있도록 하면 스스로 도적질을 하지 않게 된다.
- 天帝使我長白獸 : 천제가 나로 하여금 백수의 우두머리가 되게 하셨다
- 先生使弟子勉學 : 선생이 제자들로 하여금 공부하게 하셨다.

9) 피동형

피동을 나타내는 '見, 被'와 개사 '乎, 於' 또는 '爲 ~ 所' 등이 사용되어, 동작을 주어에게 미치게 하여, 'A가 B에게 C되다', 'A가 B에게 C당하다'라는 뜻을 나타내는 문장의 형식을 말한다.

- 鄭知常誅於金富軾 정지상은 김부식에게 주살 당하였다.
- 勞心者 治人 勞力者 治於人 : 마음을 쓰는 자는 남을 다스리고, 힘을 쓰는 자는 남에게 다스림을 받는다.
- 仁則榮 不仁則辱 : 어질면 영화롭고, 어질지 못하면 욕을 당하게 된다.

10) 감탄문

噫(희), 惡, 嗚, 呼, 嗚呼 등의 감탄사나, 哉, 與, 乎, 也, 矣 등의 감탄종결사가 사용되어, 감탄의 뜻을 나타내는 문장의 형식을 말한다.

- 嗚呼 痛哉 :오호, 슬프도다!
- 賢哉 回也 : 어질도다, 안회여!
- 惡 是何言也 : 아! 이 무슨 말인가!
- 噫 吾衰矣 : 아아! 내가 늙었도다!

11) 청원문

'請, 願' 등이 쓰여 '청컨대 ~, 원하건대 ~'와 같이 상대방에게 무엇인가를 부탁하는 뜻을 나타내는 문장의 형식을 말한다.

- 願授一言 以爲終身之戒 : 한 말씀을 주시어 종신의 계율로 삼게 하소서
- 王好戰 請以戰喩 : 왕께서 전쟁을 좋아하시니 청컨대 전쟁으로 비유하겠습니다.
- 願夫子 補吾志 明以敎我 : 원컨대 선생께서는 내 뜻을 도우셔서 분명히 나를 가르쳐 주십시오

12) 한정문

'但, 只'나 '已, 而已, 而已矣, 耳, 爾' 등이 단독으로 쓰이거나 서로 호응하여 쓰이면서, '다만', '다만 ~뿐이다', '~ 따름이다' 등과 같이 한정의 뜻을 나타내는 문장의 형식을 말한다.

- 惟仁者 能好人 能惡人 : 오직 어진 사람만이 능히 사람을 좋아할 수 있고, 능히 사람을 미워할 수 있다.
- 只在此山中 : 단지 이 산 속에 있을 뿐이다.
- 直不百步耳 是亦走也 : 다만 백보가 되지 않을 따름이지만, 이 또한 달아나는 것이다.

4. 장례한문 읽기(명심보감 〈遵禮〉 편)

子曰 居家有禮 故 長幼辨 閨門有禮 故 三族和 朝廷有禮 故 官爵序 田獵有禮 故 戎事閑 軍旅有禮 故 武功成

* 遵法(준법) : 법률이나 규칙이 정한 바에 따름.
* 閨門(규문) : 부녀자가 거처하는 안방
* 戎事(융사) : 군사 일

子曰 君子 有勇而無禮 爲亂 小人 有勇而無禮 爲盜

* 無禮(무례) : 예의가 없는 것
* 爲亂(위란) : 세상을 어지럽히다.

曾子曰 朝廷 莫如爵 鄕黨 莫如齒 輔世長民 莫如德

* 齒(치) : 나이
* 輔(보) : 도울 보
* 長民(장민) : 백성을 잘 살 수 있게 인도해 나가는 것
* 莫如(막여) : ~만한 것이 없다.

老少長幼 天分秩序 不可悖理而傷道也

* 秩(질) : 차례 질
* 悖(패) : 어그러질 패
* 天分(천분) : 하늘이 정해 준 것
* 悖理(패리) : 도리에 어긋나다.

出門如見大賓 入室如有人

* 大賓(대빈) : 큰 손님. 귀한 손님
* 如有人(여유인) : 사람이 있는 것같이 하다.

若要人重我 無過我重人

* 要(요) : 바라다. 원하다.
* 重(중) : 중히 여기다.
* 無過(무과) : 더 나은 것이 없다. 더 좋은 것이 없다.

父不言子之德 子不談父之過

* 談(담) : 말씀 담
* 不談(부담) : 이야기하지 않다.
* 過(과) : 허물 과

제4장

상장례 한자어

1. 초종(初終)단계 한자어

[1단계 : 初終]

初 終				
갓 돌아가심				

遷居正寢				
위중하면 정침으로 옮김				

以竢氣絶				
숨이 끊어지기를 기다림(사)				

屬纊(紘)				
코에 솜을 댐				

旣絶乃哭				
숨이 끊어지면 이내 곡을 함				

終 · 死				
종 : 군자의 죽음 사 : 소인의 죽음				

卒·不祿				
졸 : 대부의 죽음 불록 : 士의 죽음				

崩·薨				
붕 : 천자의 죽음 훙 : 제후의 죽음				

皐復·招魂				
고복 :길게 소리를 빼어 復을 외침				

左執領				
왼손으로 옷깃을 잡음				

右執要				
오른손으로 허리춤을 잡음				

哭擗無數				
가슴을 무수히 치며(벽) 곡함				

大袖背子				
소매가 긴 옷(수) 소매 없는 옷				

長孫承重				
장손이 막중한 책임을 이어받음				

以奉饋奠				
제수(祭需)를 받들어 모심(궤)				

楔齒綴足				
쐐기(설)를 물리고 발을 묶음(철)				

主喪·主婦				
남자 맏상주와 여자 맏상주				

司書·司貨				
문서 관리자와 재물 관리자				

護 喪				
장례 사무 주관자				

易服不食				
옷을 갈아입고 음식을 먹지 않음				

爲入後者				
양자(後嗣)로 들어간 사람				

被髮徒跣				
머리를 풀고(피) 맨발(선)로 다님				

朞·九月喪				
1년 . 9개월 상복을 입음				

爲糜粥				
된 죽(糜:미) 묽은 죽(粥:죽)				

扱上衽				
윗 옷섶(임)을 끼움(급)				

插衣前襟				
옷 앞깃(금)을 [허리에] 끼움(삽)				

治 棺				
관을 마련함				

護喪命匠				
호상이 장인(匠人) 에게 명(命)함				

擇木爲棺				
나무를 골라 관(棺)을 만듦				

油杉·土杉				
유삼 : 절인杉木 토삼 : 生 杉木				

其制方直				
관(棺) 모양(제)이 바르고 곧음				

頭大足小				
머리 부분 크고 다리 부분 작음				

僅取容身				
겨우 몸을 허용할 정도를 취함				

勿令高大				
[棺은] 높고 크게 해서는 안 됨				

隱 釘				
나무로 만든 못				

虛簷·高足				
天蓋 4처마(첨) 地板의 발이 있음				

皆用灰漆				
[棺] 안팎 모두 회칠을 함				

瀝青溶瀉				
역청을 녹여 부음(사)				

加七星板				
구멍 7개 뚫은 널판을 올림				

釘大鐵環				
커다란 쇠고리를 [棺 밑에] 박음				

大索擧之				
큰 새끼줄(삭)로 [棺을] 들어 올림				

棺欲厚				
棺을 두껍게 하고자 함				

難以致遠				
[棺 무거워] 멀리 이르기 어려움				

高大占地				
높고 크게 땅을 차지하면				

使壙中寬				
광중이 넓어져서				

易致摧毁				
부러지고(최) 훼손 (훼)되기 쉬워지니				

宜深戒之				
마땅히 깊이 경계해야 됨				

槨·棺				
곽:관을 담는 궤 관:시신 넣는 속널				

板木歲久				
[槨의] 판목은 오랜 세월이 되면				

終歸腐爛				
마침내 부패하고 문드러지게(란) 됨				

不能牢固				
단단하고(뢰) 견고할 수 없게 됨				

不若不用				
따르지 말고 쓰지 말 것				

孔子葬鯉				
공자가 리(鯉-子)를 장사지낼 때				

有棺無槨				
棺은 있으나, 槨은 없었음				

保安亡者				
망자를 보호하고 편안하게 하고자함				

松脂入地				
송진이 땅에 들어가면				

千年茯笭				
천년이면 복령이 되고				

萬年琥珀				
만년이면 호박이 된다는 설				

訃 告				
부음을 알림				

爲之發書				
발서(글을 씀-부고) 를 함				

不訃僚友				
동료나 친구에게는 부고하지 않음				

書問悉停				
[부고 시] 문안 글 일체(실) 停止함				

書來弔者				
글(편지)로 조문한 사람				

卒哭後答				
졸곡 후에 答함				

棄 世				
세상을 떠남				

[2단계 : 襲]

襲·斂				
수의를 입히고 시신을 묶음				

設幃及牀				
휘장(위)과 상을 설치				

遷尸掘坎				
시신을 옮기고 구덩이(감) 팜(굴)				

幃幛臥內				
휘장으로 막고(장) 안에 시신을 뉘임				

施簀去薦				
대자리(책)를 펴고 거적자리(천) 치움				

遷尸南首				
시신을 옮기되 머리를 南으로 함				

覆以衾				
이불로 덮음(부)				

屛處潔地				
병풍이 쳐진 깨끗한 곳				

陳襲衣				
수의를 늘어놓음				

西領南上				
옷깃(령)을 西로 하되 南이 上이 됨				

幅 巾				
머리 싸개(폭건)				

充 耳				
귀마개				

冪目·幎目				
멱목. 명목 : 눈가리개				

握 手				
손 싸개				

袍·襖				
포 : 긴 저고리 오 : 짧은 저고리				

汗 衫				
한삼(속적삼)				

袴·襪				
고 : 바지 말 : 버선				

裹 肚				
배(두) 싸개(과) : 속칭 요대(腰帶)				

勒帛·行纏				
늑백. 행전 : 무릎 아래 정강이(발)싸개				

沐 浴				
목 : 목 위를 씻음 욕 : 목 아래 씻음				

香湯水				
향 달인 물				

潘				
쌀뜨물 반(번)				

飯 含				
입에 쌀 동전 구슬 등을 머금음(반)				

實於小箱				
[동전 3개를] 작은 상자에 담음				

淅令精				
[新水로] 씻어(석) 깨끗하게 함				

實於盌				
완(주발)에 담음				

沐髮櫛之				
머리를 감기고 빗질(즐)을 함				

晞以巾				
수건으로 [머리를] 말림(희)				

撮爲髻				
머리를 모아(촬) 상투(계)를 틈				

抗衾而浴				
이불을 들고(항) 몸을 씻음				

拭以巾				
[몸을] 수건으로 닦음(식)				

剪 爪				
손톱 발톱(조)을 깎음				

棄於坎				
감(구덩이)에 버림(기)				

襲 牀				
습 상				

復 衣				
고복 시 사용한 옷				

易以新衣				
새 옷(수의)으로 갈아입음				

置堂中間				
[尸牀을] 대청 중간에 놓음				

設奠·襲奠				
습이 끝난 후 전을 차림				

置脯醢(醯)				
포와 혜(젓갈해)를 놓음				

升自阼階				
동쪽(조) 계단으로 올라감				

盥手洗盞				
대야에 손을 씻고 술잔을 씻음				

斟酒·酹酒				
짐주 : 잔에 술 따름 뇌주 : 땅에 술 부음				

尸東當肩				
시신의 동쪽 어깨 있는 곳				

爲位而哭				
자리를 마련하여 곡을 함				

皆藉以藁				
모두 짚(고)을 깔음				

以服爲行				
복에 따라 줄지어 섬				

無服在後				
복이 없는 사람은 뒤에 자리함				

寢於尸旁				
시신 곁에서 잠을 잠				

藉藁枕塊				
짚(고)을 깔고 흙덩이(괴)를 벰				

盥手執箱				
손을 씻고 [동전]상자를 잡음				

插匙米盌				
숟가락(시)을 쌀 주발(완)에 꽂음(삽)				

徹枕·覆面				
목침을 치우고(철), 얼굴을 덮음(부)				

以匙抄米				
숟가락(시)으로 쌀을 떠서(초)				

實於尸口				
시신의 입에 [쌀을 조금 떠서] 채움				

襲所袒衣				
벗었던(단) 옷을 입음				

置靈座				
영좌를 설치				

設魂帛				
혼백을 마련				

椸於尸南				
시신 남쪽에 이(횃대)를 세우고				

覆以帕				
파(수건, 보자기) 덮음(부)				

櫛纇奉養			
즐(빗), 회(세수), 봉양[할] 도구			

鑿木爲重			
나무를 깍아서(착) 중(신주)을 만들어			

以主其神			
그 신령을 주장함			

深居閨門			
깊이 규(계집)방에 거처함			

乘輜軿			
수레(수레치, 수레병)를 타고			

擁蔽其面			
그 얼굴을 가리고(옹) 은폐			

直入深室			
직접 깊은 방안으로 들어가			

揭掩面帛			
얼굴 덮은(엄) 비단을 들고(게)			

執筆皆相				
붓을 잡고 얼굴을 어림(자)하여				

畵其容貌				
그 용모를 그림				

爐西盒東				
향로는 서쪽 향합은 동쪽				

立銘旌				
명정을 세움				

以絳帛				
강(진한 적색)帛을 가지고				

爲銘旌				
명정을 만듦				

廣終幅				
너비는 온 폭				

以竹爲杠				
대나무로 깃대(강)를 만듦				

楷書體				
방정한(해) 글씨체				

殯 所				
시신이 들어 있는 관(빈)이 있는 곳				

倚於靈座				
영좌[오른쪽:東]에 기댐(의)				

不作佛事				
불사를 일으키지 않음				

入哭可也				
[친구] 들어와 곡해도 괜찮음				

當服深衣				
마땅히 심의를 입어야 함				

出拜靈座				
나와서 영좌에 절함				

上香再拜				
향을 올리고 재배				

遂弔主人				
마침내(수) 주인에게 조문함				

哭對無辭				
[주인] 곡으로 답하고 말하지 않음				

[3단계 : 小斂]

橫絞·縱絞				
가로 묶는 띠(메) 세로 묶는 띠(메)				

衾用複者				
이불(금)은 겹(복)이불을 사용				

析其兩端				
효(絞)의 양 끝을 갈름(석)				

周身相結				
(횡효)몸을 둘러서 (주) 서로 묶음				

掩首至足				
(종효)머리를 덮고 (엄) 발에 이르러				

結於身中				
몸 가운데에서 묶음				

襲衣衣尸				
습의는 시신에 옷을 입히는 것				

斂衣包之				
염의는 싸는 것				

補 空				
관의 빈곳을 메꿈				

侇衾·柩衣				
이금(관 덮개) : 관포				

括髮麻				
머리 묶는(괄) 삼끈				

麻繩撮髻				
삼끈으로 상투(계)를 모아(촬) 묶음				

髽 麻				
복머리(좌) 하는 삼끈				

裂布·縫絹				
찢은(열) 베 꿰멘(봉) 비단				

竹木爲簪				
대나무로 비녀(잠)를 만듬				

乃遷襲奠				
이내 습전을 옮김				

舒絹疊衣				
비단을 펴고(서) 옷을 접어서(첩)				

以藉其首				
그 [시신의] 머리 밑에 깔음(자)				

左衽不紐				
왼쪽으로 옷섶(임)을 여미되 매지(유) 않음				

裹之以衾				
이불로 싸되(과)				

未結以絞				
효로 묶지는 않고				

未掩其面				
그 얼굴을 덮지도(엄) 않음				

俟其復生				
그 다시 태어남을 기다림(사)				

憑尸哭擗				
시신에 기대어(빙) 가슴을 치며(벽) 곡함				

焚香洗盞				
분향하고 잔을 씻고서(세)				

斟酒奠之				
술을 따라(짐) 올림				

代 哭				
대신 곡을 함				

[4단계 : 大斂]

喪具未辦				
상구를 아직 갖추지 못함(판)				

漆棺未乾				
관의 옻칠이 아직 마르지 않음				

陰陽拘忌				
음양에 따라 잡고(구) 꺼려서				

擇日而斂				
택일하여 염을 함				

汁出蟲流				
액체(즙)가 나오고 벌레가 생김				

豈不悖哉				
어찌 낭패가 아니겠는가				

衣無常數				
(대렴)옷은 정해진 수가 없으며				

衾用有綿				
이불은 솜(면)이 있는 것을 사용함				

設奠具				
전 올릴 때의 도구를 진설				

擧棺以入				
관을 들고 [대청으로] 들어가				

承以兩凳				
두 개의 받침(등)으로 이음				

殯於西階				
서쪽 섬돌에 빈(殯)을 차림				

殯於僧舍				
절에다 빈(殯)을 차림				

掩首結絞				
머리를 가리고 끈으로 묶어서				

納於棺中				
관 속에 넣음				

卷衣塞之				
옷을 말아(권) [빈 곳을] 채워(색)				

不可搖動				
요동이 없도록 함				

啓盜賊心				
도적질할 마음이 생겨남				

收衾掩足				
이불을 거두어(수) 발을 덮음(엄)				

哭盡哀				
곡하여 슬픔을 다함				

祝取銘旌				
축관이 명정을 취하여				

設跗柩東				
관 동쪽에 받침대 (부)를 설치함				

棺 凳				
관 받침(등)				

爪髮囊				
손톱과 발톱, 머리카락 주머니(랑)				

盥櫛之具				
세수하고 머리 빗는(즐) 도구				

加蓋下釘				
관뚜껑을 덮고(개) 은정을 박음				

覆柩以衾				
이불로 관을 덮음(부)				

動尸擧柩				
시신을 움직이고 관을 들 경우에는				

哭擗無算				
가슴치며(벽) 곡하기를 무수히 함				

斂殯之際				
염하고 빈하는 때에 이르게 되면				

輟哭臨視				
곡을 그치고(철) 다가가 감시함				

大斂而殯				
대렴 후에 빈을 함				

累墼塗之				
벽돌(격) 쌓고(누) 진흙을 바름				

靈牀				
혼백이 머물러 휴식을 취하는 상				

喪次				
居喪하는 자리				

朴陋之室				
소박하고 누추한(루) 방				

不脫絰帶				
수질과 요대를 벗지(탈) 아니함				

止代哭者				
대곡을 그치게 함				

2. 장송(葬送)단계 한자어

[5단계 : 成服]

成 服				
상복을 입음				

五 服				
5 가지 상복제도				

斬衰三年				
꿰매지 않은 굵은 生布 服				

不 緝				
꿰매지(즙) 않음				

正 服				
상복 중 기본 복				

加 服				
기본 복에 가산하여 입는 복				

義 服				
의리상 입는 복				

高齊心				
지팡이 높이는 가슴과 나란히(제)				

本在下				
지팡이 밑동은 아래로				

苴 杖				
상중에 사용하는 검은 竹杖(저)				

齊衰三年				
꿰맨 굵은 生布 服				

杖以桐爲				
오동나무로 지팡이를 만듦				

上圓下方				
上-圓 下-方				

削 杖				
삭장 : 母喪에 쓰는 桐杖				

杖 期				
지팡이를 짚고 1년간 입는 상복				

不杖期				
지팡이 없이 1년간 입는 상복				

大功九月				
초조숙포(稍粗熟布)로 만든 服				

稍粗熟布				
조금(초) 거칠은(조) 삶은 베				

負版·衰				
등받이 베조각 최 : 눈물받이조각				

辟 領				
좌우 어깨받이(벽) 베조각				

小功五月				
조금 가는 熟布 服				

緦麻三月				
아주 가는 熟布 服				

禮緣情耳				
禮란 情에 인연할 따름				

殤 服				
일찍 죽은(상) 사람을 위한 服				

長殤·中殤				
長 : 16-19세 殤 中 : 12-15세 殤				

下 殤				
8-11세 殤				

無服之殤				
8세 이하의 服이 없는 殤				

三月不哭				
生後 3개월 미만은 不哭				

心喪三年				
마음으로 3년간 상복을 입음				

成服之日				
성복하는 날				

始食粥				
비로소 죽(죽죽)을 먹음				

重喪·輕喪				
무거운 喪(大功)과 가벼운 喪(小功下)				

重服·輕服				
무거운 喪服과 가벼운 喪服				

朝夕哭奠				
조석으로 곡하며 奠祭를 드림				

定省之義				
昏定晨省의 의미				

蔬果脯醢				
채소, 과일, 포, 젓갈 (해)				

焚香斟酒				
향을 피우고 술을 따름				

哭盡哀				
곡하여 슬픔을 다함				

食時上食				
식사 때 음식을 올림				

哭無時				
곡하는 것은 때가 없음				

哭於喪次				
곡은 상차에서 함				

朔日設饌				
초하루에 음식을 차림				

饌用肉魚				
음식은 고기, 생선을 사용				

麵米食羹				
국수, 떡, 국(갱)				

新物薦之				
새 음식물이 있으면 薦新함				

[6단계 : 弔]

弔·奠·賻				
弔喪하고 奠祭하며 賻儀함				

弔皆素服				
조상 시는 모두 소복을 입음				

奠貴哀誠				
奠에는 슬픔과 정성을 귀히 여김				

不必豊腆				
술, 음식을 풍성히 차릴(전) 필요 없음				

奠用香茶				
전에는 향, 다를 사용				

賻用錢帛				
부의에는 돈, 비단을 사용				

具刺通名				
명함(자)을 갖추어 통성명함				

出迎賓				
나아가 손님을 맞이함				

入哭奠				
들어가 곡하고 전을 올림				

某人傾背				
○○인이 돌아가심(경배)				

不勝驚怛				
놀라움과 슬퍼함 (달) 이기지 못함				

敢請入酹				
감히 들어가 술따르기(뇌)를 청함				

幷伸慰意				
아울러 위로의 뜻을 펼침				

稽顙再拜				
주인은 이마(상)를 조아려(계) 재배함				

罪逆深重				
죄가 크고(逆) 무거움				

不勝哀感				
슬프고 감사하는 마음 이길 수 없음				

修短有數				
命의 길고 짧음은 운수에 있음				

願抑孝思				
효성스러운 생각을 억제하기를 원함				

薨逝·捐館				
높거나, 약간 높은 관직자의 죽음(훙)				

色 養				
안색을 살펴 봉양				

奄棄榮養				
갑자기 영화로운 봉양을 버림(死)				

[7단계 : 聞奔喪]

聞喪·奔喪				
멀리서 喪소식을 듣고, 달려감				

始聞親喪				
처음 부모상 소식을 들음				

哭答問故				
곡으로 답하고 死한 까닭을 물음				

日行百里				
하루에 백리를 가되				

不以夜行				
밤길은 가지 않음				

哭避市邑				
곡을 하되 시읍은 피함				

喧繁之處				
시끄럽고(훤) 번화한 곳도 피함				

望其鄉哭				
고향이 보이면 곡함				

入門詣柩				
문에 들어가 관 앞에 이름				

擇日擧哀				
택일하여 喪事(哀)를 거행함				

悲哀之至				
슬픔이 이르는 것은				

在初聞喪				
처음 상(喪)을 들었을 때이니				

卽當哭之				
즉 마땅히 곡을 해야 하는데				

何暇擇日				
어느 겨를(가)에 택일을 하겠는가				

裝辦卽行				
행장을 갖추면(판) 곧 떠남				

旣葬墓哭				
旣 葬에는 먼저 묘소로 가 몇함				

[8단계 : 治葬]

三月而葬				
3개월이 지나고 장사를 지냄				

地之可葬				
땅 가운데 장사지낼만한 곳				

踰月而葬				
달을 건너 뛰어(유) 장사지냄				

葬師之說				
장례전문가(地官)의 말씀				

悖禮傷義				
예의를 거스르고 의리를 상함				

慮患深遠				
염려와 근심이 심원함				

濕潤速朽				
습하고 젖어(윤) 빨리 썩음(후)				

家貧鄕遠				
집이 가난하고 고향이 멀어서				

不能歸葬				
돌아가 장사지낼 수가 없음				

懸棺而窆				
관을 매달아서 하관함				

千里負喪				
천리를 짊어지고 가서 장사를 지냄				

自責營墓				
스스로 품을 팔아 무덤을 조영(造營)				

火焚其柩				
그 관을 불살라 화장(火葬)하고				

收燼歸葬				
타다 남은 것(깜부기불신)을 거둬 돌아가 장사지냄				

親之肌體				
어버이의 기체(肌體: 옥체)				

斂而藏之				
거두어(소렴, 대렴) 감춤				

愈於焚之				
화장(火葬)하는 것보다 더좋음(유)				

卜其宅兆				
묘자리를 점치는 것은				

卜其地美				
그 땅의 좋고 나쁨을 점치는 것				

土色光潤				
흙빛이 윤기가 나고				

草木茂盛				
초목이 무성한 것이				

乃其驗也				
곧 그것의 증험(證驗)임				

開塋域				
묘(영)역을 파고				

祠后土				
후토(토지)신에게 제사지냄(사)				

告者吉服				
고하는 자는 길복을 입음				

營建宅兆				
무덤을 조성함				

神其保佑				
신께서 보우하사				

俾無後艱				
훗날 어려움 없도록 해주십사(비)				

清酌脯醢				
맑은 술과 젓갈안주(해)				

祗薦於神				
공손히(지) 신께 올림				

尙 饗				
흠향하시기 바람				

遂穿壙				
드디어 광중을 팜(천)				

作灰隔				
석회 다지기(격)를 함				

刻誌石				
지석을 새김				

造明器				
무덤에 부장하는 기물 제조				

造大轝·翣				
큰 상여와 삽 제조				

流 蘇				
장막 등에 늘어뜨리는 술				

黼 翣				
도끼(보) 모양의 翣				

黻翣·亞翣				
亞자 모양의 삽(불)				

畫翣·雲翣				
구름 모양의 삽				

作 主				
신주를 만듦				

作主用栗				
신주는 밤나무로 만듦				

陷 中				
신주 後式에 홈을 파(함) 성명 기재				

櫝用黑漆				
신주 독은 옻칠을 함				

[9단계 : 遷柩]

遷 柩				
영구를 옮김				

朝 祖				
사당에 가서 조상을 알현(朝)				

蓋 頭				
머리가리개(女)				

方相氏				
4目으로 광중 악귀 제거				

魌 頭				
기두 : 2目의 방상씨				

執戈揚盾				
창(과)을 잡고 방패(순)를 듬				

靈車·魂車				
靈轝, 腰輿				

轝旁有翣				
대여 옆에 翣 위치				

晡 時				
申時 : PM 3-5시				

祖 奠				
도로의 신에게 올리는 奠祭				

永遷之禮				
영원히 떠나가는 禮				

靈辰不留				
좋은 날은 머물러 있지 않아				

今奉柩車				
이제 영구를 받들어				

式遵祖道				
삼가(식) 조도를 준행하고자 함				

遣 奠				
상여를 떠나보내는 奠祭를 드림				

遷柩就轝				
영구를 옮겨 상여에로 나아감				

功 布				
관을 닦는 걸레				

侇 衾				
柩衣, 관포 : 관 덮는 이불				

靈輀旣駕				
상여가 이미 수레에 올라				

往卽幽宅				
떠나면 곧 유택임				

載陳遣禮				
상여를 싣고 견례를 행하오니				

永訣終天				
영원한 이별이요 마무리임				

[10단계 : 發引]

柩 行				
상여가 떠남				

方相前導				
방상씨가 앞에서 인도				

駐柩而奠				
영구를 잠깐 멈추고 전을 올림				

皆宿柩旁				
모두 영구 곁에서 잠을 잠				

[11단계 : 及墓]

及 墓				
묘소에 도착함				

靈 幄				
임시로 안치할 장막				

親賓次				
친척과 빈객의 喪次				

擊壙四隅				
(창으로) 광중 4귀퉁이를 침				

酒果脯醢				
술, 과일, 포, 젓갈				

乃 窆				
이내 하관함				

主人贈				
주인이 폐백을 드림				

玄 纁				
검은 비단과 붉은 비단				

奉置柩旁				
폐백을 영구 곁에 놓음				

加灰隔蓋				
회격 덮개를 덮음				

實以灰				
재로 채움				

乃實土				
이내 흙을 채움				

窆玆幽宅				
이 유택에 하관함				

藏明器等				
명기 등을 넣음				

下誌石				
지석을 내림				

題　主				
신주 이름을 씀				

先題陷中				
먼저 함중을 씀				

炷香斟酒				
향을 사르고 술을 따름				

形歸窀穸				
형체는 광중 속으로 가셨지만				

神返室堂				
신령은 집안으로 돌아오십시오!				

神主旣成				
신주가 이미 만들어졌으니				

伏惟尊靈				
엎드려 바라옵건대 높으신 신령께서는				

舍舊從新				
옛 것을 버리고 새 것을 좇아				

是憑是依				
여기에 기대고 의지 하십시오				

墳高四尺				
봉분의 높이는 4자				

立小石碑				
작은 돌비석을 세움				

圭 首				
비석 머리를 각 지게 함				

成 墳				
봉분을 만듦				

3. 상제(喪祭)단계 한자어

[12단계 : 反哭]

反 哭				
집으로 돌아와 곡을 함				

望門卽哭				
문이 보이면 곧 곡을 함				

盡哀止				
슬픔을 다한 연후에 그침				

期九月喪				
1년과 9월의 상복을 입는 자는				

飮酒食肉				
술 마시고 고기를 먹되				

不與宴樂				
잔치에 참여는 안 됨				

[13단계 : 虞祭]

虞 祭				
우제를 지냄				

日中而虞				
장사지낸 그날 중에 우제를 지냄				

三祭以安				
3번 제사를 지내 편안하게 함				

陳器具饌				
기물을 진설하고 음식을 준비				

注子·盞盤				
주전자와 잔, 잔받침				

匙 筯				
숟가락과 젓가락				

醋 楪				
식초 접시				

降神焚香				
분향하여 魂을 모셔 옴				

降神酹酒				
뇌주하여 魄을 모셔 옴				

祝進饌				
축이 음식을 드림				

初亞終獻				
1,2,3번 술을 드림				

三祭於茅				
모사에 3번 술을 좨주(祭酒) 함				

日月不居				
세월을 머물러 있지 않아				

奄及初虞				
벌써 초우에 이르렀음				

夙興夜處				
새벽에 일어나 밤늦게까지				

哀慕不寧				
애모하는 마음으로 편치 않음				

清酌庶羞				
맑은 술과 여러 안주로				

哀薦祫事				
슬피 협사를 올리오니				

尙 饗				
歆饗하시기 바람				

侑 食				
첨작을 함				

闔 門				
식사하시도록 축관이 문을 닫음				

啓 門				
축관이 문을 염				

徹羹點茶				
국을 물리고 茶를 드림				

告利成				
봉양이 다 이루어졌음을 고함				

祝埋魂帛				
축이 혼백을 묻음				

罷朝夕奠				
조석 奠올림을 그침(파)				

柔日再虞				
유일에 재우 지냄				

剛日三虞				
강일에 삼우 지냄				

[14단계 : 卒哭]

卒 哭				
無時哀哭을 朝夕哭으로 고침				

此祭吉禮				
이 (졸곡)제사는 길례임				

剛日卒哭				
3우 후 강일에 졸곡제사임				

玄 酒				
제사 시 술 대신 쓰는 냉수, 정화수				

日月不居				
세월이 머물지 않아				

奄及卒哭				
벌써 졸곡이 되었음				

叩地號天				
땅을 두드리고 하늘에 통곡하여도				

五情糜潰				
감정이 문드러지고(미) 궤멸함(궤)				

哀薦成事				
슬피 成事를 드림				

辭 神				
신께 하직인사를 드림				

哀至不哭				
슬픔이 이르러도 곡하지 않음				

猶朝夕哭				
차라리 조석으로만 곡함				

[15단계 : 祔祭]

殷練而祔				
은대에는 練祭 후에 祔祭하였으나				

周卒哭祔				
주대에는 졸곡 후에 祔祭하였음				

卒哭明日				
졸곡 다음 날 부제 지냄				

陳於祠堂				
다만 사당에 진설함				

祔於祖廟				
조상의 사당에 부제함				

參 神				
신위에 처음으로 인사함				

竝同卒哭				
모두 졸곡과 동일				

[16단계 : 小祥]

祥 吉也				
祥은 길한 것임				

期而小祥				
1년 만에 소상을 지냄				

古者卜日				
옛날에는 날을 점쳐서 제사 지냄				

今用初忌				
오늘날은 첫 기일에 제사지냄				

灑掃滌濯				
청소하고 씻음(척탁)				

陳練服				
소상 때 입는 상복: 신 제조 또는 세탁				

日月不居				
세월이 머물지 않아				

奄及小祥				
벌써 소상이 되었음				

夙興夜處				
새벽부터 밤늦게까지				

小心畏忌				
조심스럽고 두렵고 꺼려져				

不惰其身				
몸을 게을리(타) 하지 않았고				

哀慕不寧				
애모하는 마음에 편지 않았음				

清酌庶羞				
맑은 술과 여러 반찬으로				

哀薦常事				
슬피 상사를 올리오니				

尙 饗				
흠향하시기 바람				

止朝夕哭				
조석곡을 그침				

始食菜果				
비로소 나물 과일을 먹음				

[17단계 : 大祥]

再期大祥				
두 번째 기일에 대상 제사지냄				

陳祥服				
대상 복을 진열				

如小祥儀				
소상의 의식과 동일				

日月不居				
세월이 머물지 않아				

奄及大祥				
벌써 소상이 되었음				

夙興夜處				
새벽부터 밤늦게까지				

哀慕不寧				
애모하는 마음에 편치 않았음				

清酌庶羞				
맑은 술과 여러 반찬으로				

哀薦祥事				
슬피 상사를 올리오니				

尙 饗				
흠향하시기 바람				

徹靈座				
영좌를 거둠				

斷 杖				
지팡이를 부러뜨림				

[18단계 : 禫祭]

大祥之後				
대상이 지나고				

中月而禫				
중월에 담제 지냄				

間一月也				
한 달을 사이에 둠				

平安之意				
평안하다는 뜻				

陳禫服				
담복을 진설				

环珓盤子				
배교(점치는 도구) 쟁반				

注香燻珓				
향을 사르고 배교에 향을 쏘임				

珓擲於盤				
배교를 쟁반에 던짐				

一俯一仰				
하나는 엎어지고 하나는 젖혀짐				

卜旣得吉				
점을 쳐 이미 길일을 얻었음				

日月不居				
세월이 머물지 않아				

奄及禫祭				
벌써 담제가 되었음				

夙興夜處				
새벽부터 밤늦게까지				

哀慕不寧				
애모하는 마음에 편지 않았음				

清酌庶羞				
맑은 술과 여러 반찬으로				

哀薦禫事				
슬피 담사를 올리오니				

尙 饗				
흠향하시기 바람				

三獻不哭				
3헌 하는 동안 불곡함				

始飮酒				
비로소 술을 먹음				

[19단계 : 吉祭]

告薦于祠				
遷廟함을 사당에 고함				

陳吉服				
길복을 진설				

省 牲				
희생의 제물을 살핌				

奉遷主				
遞遷하는 신주를 받들어				

埋于墓側				
산소 옆에 매장				

復 寢				
안방으로 돌아감				

[附 : 改葬]

改 葬				
무덤을 옮김				

治 棺				
관을 짬				

殮 牀				
염할 상				

絞(효)				
싸매는 끈				

葬 具				
개장할 도구				

雪綿子				
흰 솜 : 유해 위에 펴는 데 사용				

緬 禮				
개장의 한국식 명칭				

合 窆				
함께 묻음 : 합장				

繼 葬				
조상 무덤下에 자손 무덤을 이어 묻음				

束茅聚沙				
띠를 묶고 모래를 취함 : 모사				

卜宅·宅兆				
무덤				

改 兆				
무덤을 옮김				

追感彌新				
추모하는 마음이 많이(미) 새로움				

昊天罔極				
(슬픔이) 하늘같이 끝이 없음				

散 輪				
통나무 밑에 깔아 물건 옮길 때 사용				

改棺改殮				
관을 바꾸거나 염을 다시 함				

不可輕易				
경솔히 해서는 아니 됨				

拔袵刀				
隱釘을 여는 칼				

遷柩就轝				
영구를 옮겨 상여에 모심				

挿匕正筯				
숟가락(비)을 모아 꽂고 젓가락을 바로 함				

三月除服				
3개월이 되면 복을 벗음				

제5장

제의례 한자어

1. 사당제(祠堂祭) 한자어

將營宮室				
장차 집을 지으려함				

先立祠堂				
먼저 사당을 세움				

宗子世守				
종자가 대대로 지킴				

分 闔				
대청 앞에 드리우는 4쪽의 창살문				

阼階·西階				
동쪽계단, 서쪽계단				

階皆三級				
계단은 모두 3층				

不問何向				
어느 방향인지 불문하고				

以前爲南				
앞쪽을 남으로 함				

序立屋				
참례자가 차례로 서는 집				

以屋覆之				
지붕을 덮음				

丁字閣				
陵寢 앞 丁字 모양의 집 : 제사 거행				

雨暘之下				
비 맞고 햇볕 쪼이는 아래				

橫 屋				
가로로 된 집				

廚 庫				
제물용품 보관소				

神 廚				
제수를 마련하는 부엌				

周 垣				
사당 주위를 둘러싼 담장				

四 龕				
4개의 감실				

高祖居西				
고조를 서쪽에 모심(以西爲上)				

爐西盒東				
향로는 서쪽 향합은 동쪽				

坐 褥				
탁자 위에 놓은 방석				

座面紙				
상을 덮는 종이				

祔于高祖				
從祖를 고조에 결들여 모심				

孫祔祖				
손자를 할아버지에 곁들여 모심				

置祭田				
제사를 지내기 위한 토지를 둠				

親盡				
친함을 다하면 遞遷함				

墓 田				
체천 후 묘지제사 비용을 위한 토지				

祭器不假				
大夫는 제기를 빌리지 않음				

燕 器				
일상용 기물				

不鬻祭器				
가난해도 제기를 팔지는 않음				

祭服敝焚				
제복이 낡아지면 불살라 처리				

祭器敝埋				
제기가 낡아지면 매장				

香 匕				
향 뜨는 숟가락				

火 筯				
부젓가락				

帟 幕				
위를 가리는 작은 장막				

茅 盤				
띠를 세우는 접시				

环珓盤				
배교(점치는도구)를 담는 쟁반				

徹酒器				
퇴주그릇(사발)				

受胙盤				
음복에 쓰는 쟁반				

分胙盒				
음복을 나누어 담는 그릇				

潔滌盆				
설거지 통				

甑·釜				
시루, 가마솥				

筐·籠				
광주리, 바구니				

椀·盎·勺				
사발, 동이, 국자				

炙 鐵				
적쇠				

俎 板				
칼도마				

晨謁				
주인이 새벽에 사당에 가서 알현				
出入必告				
출입 시 꼭 아룀				
瞻禮				
출입 시 우러러 인사하는 예				
正至朔望				
설날, 동지, 초하루, 보름				
朔望參				
삭망에 간략한 참례 행함				
灑掃齋宿				
주변 청소, 재계 후 하룻밤 지냄				
開門軸簾				
문을 열고 발을 걷음				
盛服				
주인이하 옷을 잘 차려 입음				

左執盤				
왼손으로 잔받침을 잡음				

右執盞				
오른손으로 술잔을 잡음				

酹于茅上				
모사 위에 강신 술을 부음				

俗 節				
세속명절에 차례 제사를 올림				

獻以時食				
제철 음식을 바침				

重五重陽				
단오와 9월9일				

薦 新				
신물이 생기면 사당에 천거함				

中 元				
7월 15일(백중)				

有事則告				
일이 있으면 고함				

告授官				
관직 제수 받음을 고함				

告追贈				
추증을 고함				

改題所贈				
추증 받은바 관직을 고쳐 씀				

餘慶所及				
조상님의 경사가 나에게까지 미침				

奉承先訓				
조상의 가르침을 받들어 모심에				

獲霑祿位				
녹봉 받는 자리를 얻게 되었음				

不勝感慕				
감사하고 사모하는 마음 이기지 못함				

虔告謹告				
경건히 고하고 삼가 아룀				

竊位于朝				
조정에 직위를 얻게 되었음				

祗奉恩慶				
왕의 은혜, 경사를 경건히 받음에				

有此褒贈				
이러한 포상과 追贈이 있게 됨				

祿不及養				
녹봉으로 봉양해 드리지 못함				

摧咽難勝				
아프고 목메임을 이기지 못함				

先救祠堂				
유사시 사당을 먼저 구함				

先人之室				
사당(종묘)				

安神之所				
신주를 안치했던 곳				

改題遞遷				
신주를 고쳐 쓰고 옮김				

歲帥宗人				
해마다 종인을 거느리고				

2. 시제(時祭) 한자어

四時祭				
4仲月에 택일 사당제를 올림				

孟 春				
음력 1월				

以珓擲盤				
배교를 쟁반에 던짐				

一俯一仰				
하나는 엎어지고 하나는 뉘어짐				

應曰諾				
대답하여 가로되 예라고 함				

不暇卜日				
날짜를 점칠 겨를이 없으면				

分止亦可				
춘 추분, 동 하지도 가함				

故則退定				
유고가 있으면 일자를 물려 정함				

過時不祭				
철을 넘겨서는 제사지내지 않음				

致 齋				
목욕재계에 이름				

凶穢之事				
나쁘고 더러운 일				

考西妣東				
남자신주는 서쪽, 여자신주는 동쪽				

省牲莅殺				
희생제물을 살피고 도살에 입회함				

桃爲下				
(과일 중)복숭아가 하질이니				

祭祀不用				
제사에 쓰지 않음				

脯卽佐飯				
포는 즉 자반임				

鯉魚不用				
잉어는 제사에 사용치 않음				

魚右首				
고기는 머리를 오른쪽으로 함				

茶卽熟水				
茶란 즉 숭늉을 말함				

盞西楪東				
진설 시 잔은 서쪽, 초접은 동쪽				

匕筋居中				
수저접시는 가운데 놓음				

侵 晨				
새벽				

五更而祭				
5경(3-5시)에 제사지냄 : 非禮				

灌于茅上				
茅沙 위에 부음				

米麵食				
떡과 국수				

羹 飯				
국과 밥				

祭之茅上				
모사위에 좨주함				

不勝永慕				
기리 사모함을 억누르지 못함				

侑食·添酌				
종헌 후 음식을 다시 권함				

受 胙				
제사 음식을 받아 음복함				

祭酒啐酒				
모사기에 술을 좨주하고 맛을 봄				

祝取匕盤				
축관이 숟가락과 쟁반을 취하여				

抄取諸飯				
여러 신위의 밥을 조금씩 취함				

嘏于主人				
주인에게 복을 주는 말을 함				

受飯嘗之				
주인이 밥을 받아 맛을 보고				

實于左袂				
왼쪽 소매에다 넣고서(채우고)				

掛袂于指				
소매를 새끼(季) 손가락에 건 다음				

取酒卒飮				
술을 다시 잡아 다 마심				

告利成				
이성을 고함 (잘 이루어졌음)				

合飯蓋				
밥뚜껑을 덮음				

下匕筯				
숟가락과 젓가락을 내림				

祖考命祝				
조고께서 축관에게 명하여				

承致多福				
많은 복을 (너 효손에게)이르게 함				

受祿于天				
하늘에서 복록을 받고				

宜稼于田				
밭에서 곡식을 잘 가꾸어서				

眉壽永年				
눈썹이 세도록 오래 살게 함				

勿替引之				
제사를 폐하지 말고 길이 지내거라				

辭神·焚祝				
하직인사를 하고 축문을 불사름				

奉主納櫝				
신주를 받들어 독에다 넣음				

以笥斂櫝				
대나무 상자에다 신주독을 거두어				

奉歸祠堂				
받들어 사당으로 돌아감				

主婦監徹				
주부가 철상하는 것을 지켜 봄				

果傳燕器				
果蔬肉食을 일상그릇에로 옮김				

滌祭器藏				
제기를 씻어서 보관함				

餕·退膳				
남긴 음식				

監分祭胙				
제사지낸 고기를 나누는 것을 살핌				

歸胙於親				
친구에게 제사지낸 고기를 보냄				

遂設席				
마침내 자리를 마련함				

尊者就坐				
어른이 먼저 자리에 나아감				

獻者跪				
헌자가 무릎을 꿇고 술을 드림				

尊者擧酒				
존자가 술을 들고 마심				

尊者斟祝				
존자가 長者 잔에 술을 따르고 祝함				

長者受飮				
長者가 잔을 받아 술을 마심				

女獻女尊				
여자들은 여존자에게 헌주함				

但不跪				
단, 여자의 경우는 무릎을 꿇지 않음				

畢乃薦肉				
獻酒의식을 마치면 곧 肉食을 올림				

女獻男壽				
여자가 男尊者에게 獻壽(술올림)하면				

男尊酌之				
男尊者는 술잔에 술을 부어 돌려줌				

同姓親獻				
남녀가 同姓이면 직접 따르고				

異姓攝之				
異姓이면 타인에게 대리하게 함				

就坐薦麪				
곧 자리로 나아가 면식을 올림				

執事獻壽				
이어 내외집사자가 내외존자에 술올림				

遂薦米食				
마침내 떡을 올림				

泛行酒				
(연후에) 두루 술을 돌림				

主人頒胙				
주인이 제사지낸 고기를 나누어 줌				

徧及微賤				
두루 미천자에까지 이르게 함				

其日皆盡				
그날 모든 제사고기를 없앰				

受者再拜				
받은 사람은 모두 재배함				

祀事旣成				
제사가 이미 끝나				

祖考嘉饗				
조고께서 이미 기쁘게 흠향하셨음				

備應五福				
5복을 갖추어 받아				

保族安家				
족당을 보존하고 편안케 하기를 빔				

祭主於盡				
제에는 애경지성을 다함에 힘쓸 뿐				

愛敬之誠				
애경지성을 다함에 주력해야 함				

祭也者必				
제사는 반드시				

夫婦親之				
부부가 직접 지내야 함				

3. 녜제(禰祭) 한자어

季秋祭禰				
季秋에 아버지 사당에 제사지냄				

告于本龕				
다만 해당 감실에만 고함				

前三日齋				
3일 전에 목욕재계함				

止設兩位				
단지 양위분 자리만 마련함				

成物之始				
(계추) 만물이 완성되는 초기에				

感時追慕				
시절에 감응하여 추모하는 마음이				

昊天罔極				
하늘같이 끝이 없어				

4. 기제(忌祭) 한자어

一日齋戒				
하루 전에 목욕재계함				

歲序遷易				
해가 바뀌어				

諱日復臨				
諱[忌]日(꺼리는 날)이 다시 돌아옴				

追遠感時				
계절에 감응하여 멀리 추모함				

不勝永慕				
길이 사모하는 마음을 이기지 못함				

不勝感愴				
(방친)비창한 마음을 이기지 못함				

昊天罔極				
(부모)하늘같이 끝이 없음				

不受胙				
제사지낸 고기는 받지 않음				

不 餕				
남은 음식을 먹지 않음				

不飮酒				
(이 날은) 술을 마시지 않음				

不食肉				
고기를 먹지 않음				

不聽樂				
음악을 듣지도 않음				

寢于外				
저녁에는 사랑에서 잠				

忌日無祭				
(옛날에는) 기일에 제사가 없었음				

奠薦之禮				
제사지내는 예				

節其酬應				
그 술 접대를 절제하고				

致哀示變				
슬픔을 다하여 변화된 모습을 보여				

5. 묘제(墓祭) 한자어

四節上墓				
4대명절에 묘제를 지내러 감				

三月一祭				
주자가례를 본받아 삼월만 1번 지냄				

一日齋戒				
하루 전에 목욕재계하고				

厥明灑掃				
그 다음날 물 뿌리고 청소함				

哀省三周				
(무덤 주위를) 슬피 살피며 3번 돔				

布席陳饌				
자리를 깔고 제물을 진설함				

墓祭無進				
묘제에는 진찬이 따로 없음				

原野之禮				
들판에서의 예				

氣序流易				
계절이 바뀌어				

雨露旣濡				
비와 이슬에 이미 젖어				

瞻掃封塋				
우러러 무덤을 청소함에				

不勝感慕				
사모하는 마음을 이기지 못함				

昊天罔極				
(부모)하늘같이 끝이 없음				

不勝感愴				
(방계)비창한 마음을 이기지 못함				

念爾音容				
(子)너의 음성과 모습을 생각함에				

遂祭后土				
마침내 후토씨에게 제사지냄				

6. 기타 제례(祭禮) 한자어

考妣各設				
고비 각각 진설				

匙楪居中				
수저그릇 중앙				

盞西醋東				
술잔 西 초접 東				

飯西羹東				
메(밥)西 국(갱)東				

炙楪居中				
적(구이) 中央				

魚東肉西				
생선 東 고기 西				

麵西餠東				
국수 西 떡 東				

左脯右醯				
좌(西) 脯 右(동) 醯(혜[식혜] : 醯)				

熟西生東				
익힌 나물 西 생김치 東				

天産陽數				
하늘에서 나는 것 (肉, 魚) 홀수				

地産陰數				
땅에서 나는 것 (과일) 짝수접시				

東頭西尾				
머리 東 꼬리 西				

紅東白西				
붉은 과일 東 흰 과일 西				

東棗西栗				
대추 東 밤 西				

棗栗李柿				
(西)대추 밤 배 감 順				

進熟水				
계문 후 羹 내리고 숭늉 드림				

執禮·唱笏				
제의절차(笏記)를 읽는 사람				

贊 者				
獻者와 독축자를 인도하는 사람				

插匙正箸				
숟가락을 꽂고 젓가락을 바르게 함				

闔 門				
혼령이 잡수시도록 자리를 비움				

啓 門				
인기척을 내고 문을 다시 열음				

落匙箸				
수저를 다시 시저접에 내려 놈				

闔飯蓋				
집사는 모든 음식 뚜껑을 다시 닫음				

乾左濕右				
마른 것 左 습한 것 右				

제6장

장묘 풍수 한자어

1. 장묘 한자어

墓 地				
장사시설이 있는 일정한 구역				

墳 墓				
봉분의 형태로 있는 개개의 묘				

石 燈				
분묘주변에 있는 돌로 만든 등				

石 人				
文人석, 武人석				

石 虎				
봉분을 지키는 돌 호랑이				

石 羊				
돌로 만든 양				

石 馬				
돌로 만든 말				

望柱石				
봉분 양쪽에 있는 기둥 돌				

牀 石				
제물을 올리는 돌				

魂遊石				
혼령이 노니는 돌				

香案石				
향로와 향합을 놓는 돌				

酒架石				
술주전자를 놓은 돌				

祝板石				
축문을 놓는 돌				

碑石·表石				
亡人의 본관行狀을 새긴 돌-墓表, 墓標				

內階石				
무덤과 제전사이를 구별 지은 돌				

納骨·奉安				
화장골분을 모심				

葬 法				
유골을 모시는 방법				

埋 葬				
시신을 땅에 묻는 장법				

火 葬				
시신을 불에 태우는 방법				

天葬·鳥葬				
독수리 먹이로 처리하는 방법				

風 葬				
나무에 매달아 육탈시키는 방법				

水 葬				
시신을 바다에 장사지내는 방법				

宇宙葬				
로켓을 이용 우주로 보내는 방법				

冷凍葬				
시신을 급랭하여 분발처리하는 방법				

樹木葬				
나무의 뿌리주변에 묻는 방법				

樹(上)葬				
시신을 나뭇가지에 놓는 장법(肉脫)				

自然葬				
잔디, 화단 등 자연스럽게 처리				

散 骨				
황장유골을 산야에 뿌림				

開土祭				
개토 시 토지신께 올리는 제사				

開 穴				
안장을 위해 땅을 파는 행위				

權厝·權殯				
시신을 임시 가매장하는 것				

路 葬				
길거리 몰래 매장 원혼 위무				

路 祭				
급묘 도중 길에서 제사를 모심				

茶 毘				
불교의 火葬法				

陵 園				
陵 - 왕(비) 무덤 園 - 세자(빈) 무덤				

輓 歌				
상여꾼들이 부르는 구전 민요				

輓 章				
고인을 애도하는 詩文				

燒骨				
유골을 화장한 결과물				

神道碑				
망인의 업적을 기려 세운 비석				

暗葬				
시신을 몰래 매장				

甕棺				
항아리를 사용하여 시신 매장				

虎食葬				
虎食 잔해를 火葬 후 돌무덤함				

2. 풍수 한자어

相生相剋				
음양오행의 이치				

陰宅·陽宅				
음택-亡者의 집 양택-生者의 집				

改葬·移葬				
묘를 다른 곳으로 옮겨 장사지냄				

坐 向				
坐-시신의 首방향 向-시신의 足방향				

地管·地師				
풍수지리가				

土 葬				
흙에 매장하는 것				

破 墓				
이 개장을 위해 무덤을 파는 것				

風 水				
藏風(氣) 得水의 이론				

形氣論				
산의 形局을 연구하는 이론				

理氣論				
羅經의 法數로 이루어지는 이론				

祖宗山				
穴 뒤의 멀고 높은 山				

樂 山				
穴 뒤의 높은 山				

主山·鎭山				
묘 뒤의 높은 山(玄武)				

來 龍				
묘 뒤의 山勢				

砂				
穴 주위의 산의 형세				

左靑龍				
묘지의 왼쪽 산 능선				

右白虎				
묘지의 오른쪽 산 능선				

穴				
산 기운이 응집된 곳 (시신 매장)				

明 堂				
穴을 포함 氣가 응결된 穴 주변				

案 山				
묘의 정면에 있는 산(朱雀)				

得水口				
물이 들어오는 곳				

破 口				
물이 빠져나가는 곳				

幹 龍				
커다란 산줄기				

溪澗水				
산골짜기 물				

溝血水				
평지에 흐르는 봇도랑 물				

眞應水				
묘 좌우에서 감싸주는 물				

元辰水				
묘 앞에서 똑바로 빠져나가는 물(凶)				

九曲水				
묘 앞에 구불구불 옆으로 흐르는 물				

橫水局				
묘 앞의 물이 옆으로 흐르는 것				

羅 經				
24개 방향 측정 기구(佩鐵)				

十二抱胎				
각 방위에 배당된 12개 좌향별 龍水				

黃泉殺				
흉성이 있는 방위. 패철1, 2층에 배당				

窺峰(山)				
묘를 엿보는 듯 한 작은 봉우리(山)				

氈 脣				
묘 앞의 평평한 땅				

腦 頭				
穴 바로 뒤 頭骨모양 솟은 것				

同氣感應				
같은 기운을 가진 것은 서로 감응함				

逃屍穴				
시신이 없어지는 穴				

부 록

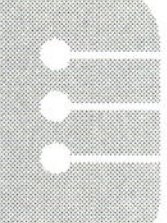

1. 출생, 나이를 나타내는 한자어

誕生(탄생), 三神(삼신), 呱呱之聲(고고지성), 年歲(연세), 春秋(춘추), 幼學(유학), 萬壽無疆(만수무강), 志學(지학 : 15세), 弱冠(약관 : 20세), 而立(이립 : 30세), 不惑(불혹 : 40세), 知天命(지천명 : 50세), 耳順(이순 ; 六旬 : 60세), 還甲(환갑 ; 華甲 ; 回甲 ; 下壽 : 61세), 進甲(진갑 : 62세), 美壽(미수 : 66세), 古稀(고희 ; 七旬 : 70세), 望八(망팔 : 71세), 喜壽(희수 : 77세), 傘壽 (산수 ; 八旬 : 80세), 望九(망구 : 81세), 米壽(미수 : 88세), 卒壽 (졸수 ; 頤壽 : 90세), 忘期(망기 : 91세), 白壽(백수 : 99세), 期壽(기수 ; 中壽 : 100세), 上壽(상수 : 120세) 등

2. 간지(干支) 한자어

- 天干(10) : 甲, 乙, 丙, 丁, 戊, 己, 庚, 辛, 任, 癸
- 地支(12) : 子, 丑, 寅, 卯, 辰, 巳, 午, 未, 申, 酉, 戌, 亥

- 10년 : 甲子 乙丑 丙寅 丁卯 戊辰 己巳 庚午 辛未 壬申 癸酉
- 20년 : 甲戌 乙亥 丙子 丁丑 戊寅 己卯 庚辰 辛巳 壬午 癸未
- 30년 : 甲申 乙酉 丙戌 丁亥 戊子 己丑 庚寅 辛卯 壬辰 癸巳
- 40년 : 甲午 乙未 丙申 丁酉 戊戌 己亥 庚子 辛丑 壬寅 癸卯
- 50년 : 甲辰 乙巳 丙午 丁未 戊申 己酉 庚戌 辛亥 壬子 癸丑
- 60세 : 甲寅 乙卯 丙辰 丁巳 戊午 己未 庚申 辛酉 壬戌 癸亥

3. 절기(節氣) 한자어

- 立春(입춘) : 음력 1월(정월), 양력 2월 4, 5일
  立春帖(입춘첩) : 立春大吉(입춘대길), 建陽多慶(건양다경)
- 雨水(우수) : 음력 1월(정월), 양력 2월 19, 20일
- 驚蟄(경칩) : 음력 2월, 양력 3월 5, 6일
- 春分(춘분) : 음력 2월, 양력 3월 21, 22일
- 淸明(청명) : 음력 3월, 양력 4월 4, 6일
- 穀雨(곡우) : 음력 3월, 양력 4월 20, 21일
- 立夏(입하) : 음력 4월, 양력 5월 6, 7일
- 小滿(소만) : 음력 4월, 양력 5월 21, 22일
- 芒種(망종) : 음력 5월, 양력 6월 6, 7일
- 夏至(하지) : 음력 5월, 양력 6월 21, 22일
- 小暑(소서) : 음력 6월, 양력 7월 7, 8일
- 大暑(대서) : 음력 6월, 양력 7월 23, 24일
- 立秋(입추) : 음력 7월, 양력 8월 8, 9일
- 處暑(처서) : 음력 7월, 양력 8월 23, 24일
- 白露(백로) : 음력 8월, 양력 9월 8, 9일
- 秋分(추분) : 음력 8월, 양력 9월 23, 24일
- 寒露(한로) : 음력 9월, 양력 10월 8, 9일
- 霜降(상강) : 음력 9월, 양력 10월 23, 24일
- 立冬(입동) : 음력 10월, 양력 11월 7, 8일
- 小雪(소설) : 음력 10월, 양력 11월 22, 23일
- 大雪(대설) : 음력 11월(동짓달), 양력 12월 7, 8일
- 冬至(동지) : 음력 11월(동짓달), 양력 12월 22, 23일
- 小寒(소한) : 음력 12월(섣달), 양력 1월 6, 7일
- 大寒(대한) : 음력 12월(섣달), 양력 1월 20, 21일

4. 민속명절(民俗名節) 한자어

- 元日(원일) : 설날
- 上元(상원) : 정월대보름
  ; 오곡밥, 부럼, 귀밝이술, 더위팔기, 액막이 연, 다리 밟기 등
- 寒食(한식) : 동지 후 105일 째 날
- 初八日(초파일) : 부처님 오신 날, 燈夕(등석)
- 端午(단오) : 重五(중오), 天中節(천중절), 수릿날
- 流頭(유두) : 6월 15일
- 七夕(칠석) : 견우와 직녀
- 三伏(삼복) : 初伏(초복), 中伏(중복), 末伏(말복)
- 百仲(백중) : 7월 15일, 中元(중원), 盂蘭盆節(우란분절), 百種日(백종일)
- 秋夕(추석) : 仲秋節(중추절), 한가위, 嘉俳(가배)
- 重九日(중구일) : 重陽節(중양절)
- 除夕(제석) : 작은설, 까치설날, 守歲(수세)

5. 세시(歲時) 한자어

- 1월 : 孟春(맹춘), 新正(신정), 新元(신원), 春寒(춘한), 新春(신춘)
- 2월 : 仲春(중춘), 陽春(양춘), 春和(춘화)
- 3월 : 季春(계춘), 暮春(모춘), 花春(화춘), 花雨(화우), 晩春(만춘)
- 4월 : 孟夏(맹하), 槐夏(괴하), 初夏(초하)
- 5월 : 仲夏(중하), 盛夏(성하), 榴夏(유하)
- 6월 : 季夏(계하), 伏災(복재), 三伏(삼복)
- 7월 : 孟秋(맹추), 老炎(노염), 新涼(신량), 初秋(초추)
- 8월 : 仲秋(중추), 淸秋(청추), 素秋(소추), 秋涼(추량)
- 9월 : 季秋(계추), 菊秋(국추), 霜令(상령), 霜寒(상한)
- 10월 : 孟冬(맹동), 初寒(초한), 初冬(초동)
- 11월 : 仲冬(중동), 至寒(지한), 嚴冬(엄동)
- 12월 : 季冬(계동), 極寒(극한), 雪寒(설한)

6. 예속(禮俗) 한자어

[연하장(年賀狀)]

- 祝 送舊迎新(축 송구영신)
- 恭賀新禧(공하신희)
- 恭賀新正(공하신정)
- 謹賀新年(근하신년)
- 謹賀新春(근하신춘)
- 瑞氣集門(서기집문)
- 吉祥如意(길상여의)
- 祝 元旦(축 원단)
- 祝 正旦(축 정단)
- 祝 新陽(축 신양)
- 祝 初陽(축 초양)
- 祝 新曆(축 신력)

[추석(秋夕)]

- 祝 秋夕(축 추석)
- 祝 仲秋佳節(축 중추가절)
- 祝 嘉俳(축 가배)
- 祝 佳節(축 가절)
- 祝 慶月(축 경월)
- 祝 迎月(축 영월)
- 一輪光正滿 萬里氣尤淸(일륜광정만 만리기우청)
- 축 한가위

[제야(除夜)]

- 祝 忘年(축 망년)
- 祝 終年(축 종년)
- 祝 歲暮(축 세모)

- 祝 守歲(축 수세)
- 祝 歲盡(축 세진)
- 祝 終夕(축 종석)
- 祝 守歲迎春(축 수세영춘)
- 祝 歲別(축 세별)

[생일(生日)]

- 祝 生辰(축 생신)
- 祝 晬日(축 수일)
- 祝 晬宴(축 수연)
- 祝 嘉辰(축 가신)
- 祝 無疆(축 무강)
- 祝 盛昌(축 성창)
- 祝 德星(축 덕성)
- 祝 長久(축 장구)

[결혼(結婚)]

- 祝 聖婚(축 성혼)
- 祝 華婚(축 화혼)
- 祝 結婚(축 결혼)
- 祝 合巹(축 합근)
- 祝 新歡(축 신환)
- 祝 嘉禮(축 가례)
- 祝 聖典(축 성전) : 기독교 의식
- 祝 賀儀(축 하의) : 재혼 시
- 祝 嘉儀(축 가의) : 재혼 시
- 祝 續絃(축 속현) : 재혼 시
- 祝 醮禮(축 초례)
- 祝 佳偶(축 가우)
- 祝 琴瑟(축 금슬)
- 祝 新禮(축 신례)

- 祝 起家萬善(축 기가만선)
- 祝 于歸(축 우귀) : 신부 축하인사

[회갑(回甲)]

- 祝 回甲(축 회갑)
- 祝 華甲(축 화갑)
- 祝儀(축의)
- 祝 禧筵[宴](축 희연)
- 祝 壽筵[宴](축 수연)
- 祝 長春(축 장춘)
- 祝 壽儀(축 수의)
- 祝 龜齡(축 귀령)
- 祝 洪福(축 홍복)
- 祝 康寧(축 강령)
- 祝 五福之首(축 5복지수)
- 祝 如松之茂(축 여송지무)

[칠순(七旬)]

- 祝 古稀(축 고희)
- 祝 七旬(축 칠순)
- 祝 稀壽(축 희수)
- 祝 龜齡(축 귀령)
- 祝 延壽無疆(축 연수무강)
- 祝 延壽回春(축 연수회춘)
- 祝 延壽長春(축 연수장춘)

[80세 이상]

- 祝 八旬(축 팔순)
- 祝 大耋壽宴(축 대질수연) : 80세 잔치
- 祝 望頤壽宴(축 망이수연) : 81세 잔치

- 祝 米壽宴(축 미수연) : 88세 잔치
- 祝 頤壽宴(축 이수연) : 90세 잔치
- 祝 九旬(축 구순)
- 祝 九十春光(축 구십춘광)
- 祝 望期壽宴(축 망기수연) : 91세 잔치
- 祝 期壽宴(축 기수연) : 100세 잔치
- 祝 一期壽宴(축 일기수연) : 100세 잔치
- 祝 上壽宴(축 상수연) : 100세 이상 잔치
- 祝 極壽宴(축 극수연) : 100세 이상

[축하(祝賀)]

- 祝 入選(축 입선)
- 祝 當選(축 당선)
- 祝 榮轉(축 영전)
- 祝 發展(축 발전)
- 祝 登高(축 등고)
- 祝 龍門(축 용문)
- 祝 健勝(축 건승)

[송별(送別)]

- 惜別(석별)
- 恨別(한별)
- 祝 壯途(축 장도)
- 祝 長路(축 장로)
- 祝 征路(축 정로)
- 祝 長程(축 장정)

[정년퇴임(停年退任)]

- 祝 餘慶(축 여경)
- 惜 歸心(석 귀심)

- 祝 歸興(축 귀홍)
- 賀 歸休(하 귀휴)
- 祝 致事(추 치사)
- 祝 宴息(축 연식)
- 懷 流年(회 류년)
- 祝 信步(축 신보)

[사례(謝禮)]

- 微誠(미성)
- 菲品(비품)
- 薄謝(박사)
- 薄禮(박례)
- 省禮(생례)
- 微衷(미충)
- 略禮(약례)
- 寸志(촌지)
- 微儀(미의)
- 謝厚意(사후의)
- 情表微意(정표미의)
- 祝友誼(축우의)

[증(贈)서]

- 惠存(혜존)
- 惠鑑(혜감)
- 雅正(아정)
- 淸鑑(청감)
- 淸覽(청람)
- 淸正(청정)
- 法正(법정)

[전시회(展示會)]

- 祝 發展(축 발전)
- 祝 佳聲(축 가성) : 음악회
- 祝 雅聲(축 아성) : 음악회
- 祝 正聲(축 정성) : 음악회
- 祝 妙曲(축 묘곡) : 음악회
- 祝 至音(축 지음) : 음악회
- 祝 奇品(축 기품) : 도자기전 등
- 祝 雅興(축 아흥)
- 祝 盛典(축 성전)
- 祝 健勝(축 건승) : 체육대회

[기 · 준공식]

- 祝 起工(축 기공) : 기공식
- 祝 始役(축 시역)
- 祝 發展(축 발전)
- 祝 安全(축 안전)
- 祝 作事(축 작사)

- 賀 竣役(하 준역) : 준공식
- 祝 慶事(축 경사)
- 祝 竣工(축 준공)
- 祝 盛典(축 성전)
- 祝 玉堂(축 옥당)

[개점, 개업, 개교, 개청, 신거]

- 祝 開店(축 개점) : 개점, 개업
- 祝 開業(축 개업)
- 祝 盛業(축 성업)
- 祝 成就(축 성취)

- 祝 開校(축 개교) : 개교
- 祝 發展(축 발전)
- 祝 教學一致(축 교학일치)

- 祝 開館(축 개관) : 개청
- 祝 開所(축 개소)
- 祝 開廳(축 개청)
- 祝 開院(축 개원)
- 祝 自强不息(축 자강불식)

- 祝 新居(축 신거) : 신거
- 祝 華居(축 화거)
- 祝 華屋(축 화옥)

[병원, 노인정 방문]

- 祈 快癒(기 쾌유) : 병원
- 祈 健快(기 건쾌)
- 祈 回春(기 회춘)
- 祈願 完快(기원 완쾌)

- 祝 康寧(축 강녕) : 노인정
- 祝 安康(축 안강)
- 祝 長春(축 장춘)
- 祝 健壽(축 건수)
- 祝 萬壽無疆(축 만수무강)
- 祝 長壽天命(축 장수천명)
- 祝 鶴壽龜齡(축 학수귀령)

[초상]

- 謹弔(근조)
- 謹慰(근위)

- 賻儀(부의)
- 弔儀(조의)
- 慰 永訣(위 영결)
- 謹 哀悼(근 애도) : 아내 사망 시
- 謹 哀戚(근 애척) : 아들 사망 시
- 慰 傷慽(위 상척) : 아들 사망 시
- 慰 寂寞(위 적막) : 남편 사망 시
- 慰 泰山頹(위 태산퇴) : 남편 사망 시
- 慰 哀痛(위 애통) : 남편 사망 시
- 慰 玉折(위 옥절) : 아이 사망 시
- 慰 埋玉(위 매옥) : 아이 사망 시
- 慰 哀惜(위 애석) : 아이 사망 시
- 慰 斷絶(위 단절) : 아이 사망 시
- 慰 傷心(위 상심) : 형제 사망 시

[대소상]

- 香奠(향전)
- 奠儀(전의)
- 香燭代(향촉대)
- 菲儀(비의), 菲品(비품), 薄儀(박의)

7. 교육용 한자(1,800자 ; 빗금左 900자 -중등용 /빗금右 900자 -고교용)

[ㄱ]

가 : 家佳街可歌加價假 / 架暇

간 : 干間看 / 刊肝幹簡姦懇

감 : 甘減感敢 / 監鑑

강 : 江降講强 / 康剛鋼綱

객 : 客 /

각 : 各角脚 / 閣却覺刻

갈 : 渴 /

갑 : 甲 /

개 : 改皆個開 / 介慨槪蓋

갱 : 更 /

거 : 去巨居車擧 / 距拒據

건 : 建乾 / 件健

걸 : / 傑

검 : / 儉劍

게 : / 憩

격 : / 格擊激

견 : 犬見堅 / 肩絹遣

결 : 決結潔 / 缺

겸 : / 兼謙

경 : 京景輕經庚耕敬驚慶競 / 竟境鏡頃傾硬警徑卿

계 : 癸季界計溪鷄 / 系係戒械繼契桂啓階

고 : 古故固苦考高告 / 枯姑庫孤鼓稿顧

곡 : 谷曲穀 / 哭

곤 : 困坤 /

골 : 骨 /

공 : 工功空共公 / 孔供恭攻恐貢

과 : 果課科過 / 戈瓜誇寡

곽 : / 郭

관 : 官觀關 / 館管貫慣冠寬

광 : 光廣 / 鑛

괘 : / 掛

괴 : / 塊愧怪壞

교 : 交校橋敎 / 郊轎巧矯

구 : 九口求救究久句舊 / 構具俱區驅鷗苟拘狗丘懼龜球

국 : 國 / 菊局

군 : 君郡軍 / 群

굴 : / 屈

궁 : 弓 / 宮窮

권 : 卷權勸 / 券拳

궐 : / 厥

귀 : 貴歸 / 鬼

규 : / 叫規閨

균 : 均 / 菌

극 : 極 / 克劇

근 : 近勤根 / 斤僅謹

금 : 金今禁 / 錦禽琴

급 : 及給急 / 級

긍 : / 肯

기 : 己記起其期基氣技幾旣 / 紀忌旗欺奇騎寄豈棄祈企畿飢機器

긴 : / 緊

길 : 吉 /

[ㄴ]

나 : / 那

낙 : / 諾

난 : 暖難 /

남 : 南男 /

납 : / 納

낭 : / 娘

내 : 內乃 / 奈耐

녀 : 女 /

년 : 年 /

념 : 念 /

녕 : / 寧

노 : 怒 / 奴努

농 : 農 / 濃

뇌 : / 腦惱

능 : 能 /

니 : / 泥

[ㄷ]

다 : 多 / 茶

단 : 丹但單短端 / 檀旦段壇斷團

달 : 達 /

담 : 談 / 淡潭擔

답 : 答 / 沓踏

당 : 堂當 / 唐糖黨

대 : 大代待對 / 帶臺貸隊

덕 : 德 /

도 : 刀到度道島徒都圖 / 倒挑桃跳逃渡陶途稻導盜

독 : 讀獨 / 毒督篤

돈 : / 豚敦

돌 : / 突

동 : 同洞童冬東動 / 銅桐凍

두 : 斗豆頭 /

둔 : / 鈍

득 : 得 /

등 : 等登燈 /

[ㄹ]

라 : / 羅

락 : 落樂 / 洛絡

란 : 卵 / 亂蘭欄爛

람 : / 覽藍濫

랑 : 浪郞 / 朗廊

래 : 來

랭 : 冷 /

략 : / 略掠

량 : 良兩量涼 / 梁糧諒

려 : 旅 / 麗慮勵

력 : 力歷 / 曆

련 : 連練 / 鍊憐聯戀蓮

렬 : 列烈 / 裂劣

렴 : / 廉

령 : 令領 / 靈嶺零

례 : 例禮 /

로 : 路露老勞 / 爐

록 : 綠 / 祿錄鹿

론 : 論 /

롱 : / 弄

뢰 : / 雷賴

료 : 料 / 了

룡 : / 龍

루 : / 屢樓累淚漏

류 : 柳留流 / 類

륙 : 六陸 /

륜 : 倫 / 輪

률 : 律 / 栗率

륭 : / 隆

릉 : / 陵

리 : 里理利 / 梨李吏離履

린 : / 隣

림 : 林 / 臨

립 : 立

[ㅁ]

마 : 馬 / 痲磨
막 : 莫 / 幕漠
만 : 萬晩滿 / 慢漫蠻
말 : 末 /
망 : 亡忙忘望 / 茫妄罔
매 : 每買賣妹 / 梅埋媒
맥 : 麥 / 脈
맹 : / 孟猛盟盲
면 : 免勉面眠 / 綿
멸 : / 滅
명 : 名命明鳴 / 銘冥
모 : 母毛暮 / 某謀模矛貌募慕
목 : 木目 / 牧沐睦
몰 : / 沒
몽 : / 夢蒙
묘 : 卯妙 / 苗廟墓
무 : 戊茂武務無舞 / 貿霧
묵 : 墨 / 默
문 : 門問聞文 /
물 : 勿物
미 : 米未味美尾 / 迷微眉
민 : 民 / 敏憫
밀 : 密 / 蜜

[ㅂ]

박 : / 泊拍迫朴博薄
반 : 反飯半 / 般盤班返叛
발 : 發 / 拔髮
방 : 方房防放訪 / 芳傍妨倣邦
배 : 拜杯 / 倍培配排背輩
백 : 白百 / 伯栢
번 : 番 / 煩繁飜
벌 : 伐 / 罰
범 : 凡 / 犯範汎
법 : 法 /
벽 : / 壁碧
변 : 變 / 辯辨邊
별 : 別 /
병 : 丙病兵 / 竝屛
보 : 保步報 / 普譜補寶
복 : 福伏服復 / 腹複卜
본 : 本 /
봉 : 奉逢 / 峯蜂封鳳
부 : 夫扶父富部婦否浮 / 付符附府腐負副簿赴賦膚
북 : 北 /
분 : 分 / 紛粉奔墳憤奮
불 : 不佛 / 弗拂
붕 : 朋 / 崩
비 : 比非悲飛備 / 批卑婢碑妃肥祕費
빈 : 貧 / 賓頻
빙 : 氷 / 聘

[ㅅ]

사 : 四巳士仕寺史使射謝師死私絲思事 / 司詞蛇捨邪賜斜詐社沙似査寫辭斯祀

삭 : / 削朔

산 : 山産散算 /酸

살 : 殺 /

삼 : 三 / 森

상 : 上尙常賞商相霜想傷喪 / 嘗裳詳祥床象像桑狀償

쌍 : / 雙

새 : / 塞

색 : 色 / 索

생 : 生 /

서 : 西序書暑 / 敍徐庶恕署緖

석 : 石夕昔惜席 / 析釋

선 : 先仙線鮮善船選 / 宣旋禪

설 : 雪說設 / 舌

섭 : / 涉

성 : 姓性成城誠盛省星聖聲 /

세 : 世洗稅細勢歲 /

소 : 小少所消素笑 / 召昭蘇騷燒訴掃疎蔬

속 : 俗速續 / 束粟屬

손 : 孫 / 損

송 : 松送 / 頌訟誦

쇄 : / 刷鎖

쇠 : / 衰

수 : 水手受授首守收誰須雖愁樹壽數修秀 / 囚需帥殊隨輸獸睡遂

숙 : 叔淑宿 / 孰熟肅

순 : 順純 / 旬殉盾循脣瞬巡

술 : 戌 / 述術

숭 : 崇 /

습 : 習拾 / 濕襲

승 : 乘承勝 / 升昇僧

시 : 市示是時詩視施試始 / 矢侍

씨 : 氏 /

식 : 食式植識 / 息飾

신 : 身申神臣信辛新 / 伸晨愼

실 : 失室實 /

심 : 心甚深 / 尋審

십 : 十

[ㅇ]

아 : 兒我 / 牙芽雅亞阿餓

악 : 惡 / 岳

안 : 安案顔眼 / 岸雁

알 : / 謁

암 : 暗巖 /

압 : / 壓

앙 : 仰 / 央殃

애 : 愛哀 / 涯

액 : / 厄額

야 : 也夜野 /耶

약 : 弱若約藥 /

양 : 羊洋養揚陽讓 / 壤樣楊

어 : 魚漁於語 / 御

억 : 億憶 / 抑

언 : 言 / 焉
엄 : 嚴 /
업 : 業 /
여 : 余餘如汝與 / 予輿
역 : 亦易逆 / 譯驛役疫域
연 : 然煙硏硯 / 延燃燕沿鉛宴軟演緣
열 : 熱悅 /
염 : 炎 / 染鹽
엽 : 葉 /
영 : 永英迎榮 / 泳詠營影映
예 : 藝 / 豫譽銳
오 : 五吾悟午誤烏 / 汚嗚娛梧傲
옥 : 玉屋 / 獄
온 : 溫 /
옹 : / 翁
와 : 瓦臥 /
완 : 完 / 緩
왈 : 曰 /
왕 : 王往 /
외 : 外 / 畏
요 : 要 / 腰搖遙謠
욕 : 欲浴 / 慾辱
용 : 用勇容 / 庸
우 : 于宇右牛友雨憂又尤遇 / 羽郵愚偶優
운 : 云雲運 / 韻
웅 : 雄 /
원 : 元原願遠園怨圓 / 員源援院
월 : 月 / 越
위 : 位危爲偉威 / 胃謂圍緯衛違委慰僞
유 : 由油酉有猶唯遊柔遺幼 / 幽惟維乳儒裕誘愈悠
육 : 肉育 /
윤 : / 閏潤
은 : 恩銀 / 隱
을 : 乙 /
음 : 音吟飮陰 / 淫
읍 : 邑泣 /
응 : 應 /
의 : 衣依義議矣醫意 / 宜儀疑
이 : 二貳以已耳而異移 / 夷
익 : 益 / 翼
인 : 人引仁因忍認寅印 / 刃姻
일 : 一日壹 / 逸
임 : 壬 / 任賃
입 : 入 /

[ㅈ]

자 : 子字自者姉慈 / 玆雌紫資姿恣刺
작 : 作昨 / 酌爵
잔 : / 殘
잠 : / 潛蠶暫
잡 : / 雜
장 : 長章場將壯 / 丈張帳莊裝奬墻葬粧掌藏臟障腸
재 : 才材財在栽再哉 / 災裁載
쟁 : 爭 /
저 : 著貯低 / 底抵
적 : 的赤適敵 / 笛滴摘寂籍賊跡蹟積績

전 : 田全典前展戰電錢傳 / 專轉
절 : 節絶 / 切折
점 : 店 / 占點漸
접 : 接 / 蝶
정 : 丁頂停井正政定貞精情靜淨庭 / 亭訂廷程征整
제 : 弟第祭帝題除諸製 / 提堤制際齊濟
조 : 兆早造鳥調朝助祖 / 弔燥操照條潮租組
족 : 足族 /
존 : 存尊 /
졸 : 卒 / 拙
종 : 宗種鐘終從 / 縱
좌 : 左坐 / 佐座
죄 : 罪 /
주 : 主注住朱宙走酒晝 / 舟周株州洲柱
죽 : 竹 /
준 : / 準俊遵
중 : 中重衆 / 仲
즉 : 卽 /
증 : 曾增證 / 憎贈症蒸
지 : 只支枝止之知地指志至紙持 / 池誌智遲
직 : 直 / 職織
진 : 辰眞進盡 / 振鎭陳陣珍
질 : 質 / 秩疾姪
집 : 集執 /
징 : / 徵懲

[ㅊ]

차 : 且次此借 / 差
착 : 着 / 錯捉
찬 : / 贊讚
찰 : 察 /
참 : 參 / 慘慙
창 : 昌唱窓 / 倉創蒼滄暢
채 : 菜採 / 彩債
책 : 責冊 / 策
처 : 妻處 / 悽
척 : 尺 / 斥拓戚
천 : 千天川泉淺 / 賤踐遷薦
철 : 鐵 / 哲徹
첨 : / 尖添
첩 : / 妾
청 : 靑淸晴請聽 / 廳
체 : 體 / 替
초 : 初草招 / 肖超抄礎
촉 : / 促燭觸
촌 : 寸村 /
총 : / 銃總聰
최 : 最 / 催
추 : 秋追推 / 抽醜
축 : 丑祝 / 畜蓄築逐縮
춘 : 春 /
출 : 出 /
충 : 充忠蟲 / 衝
취 : 取吹就 / 臭醉趣
측 : / 側測
층 : / 層
치 : 治致齒 / 値置恥稚

칙 : 則 /

칠 : 七 / 漆

칭 : / 稱

친 : 親 /

침 : 針 / 侵浸寢沈枕

[ㅋ]

쾌 : 快 /

[ㅌ]

타 : 他打 / 妥墮

탄 : / 炭歎彈

탐 : 探 / 貪

탕 : / 湯

택 : 宅 / 澤擇

통 : 通統 / 痛

투 : 投 / 透鬪

탁 : / 濁托濯琢

탈 : 脫 / 奪

탑 : / 塔

태 : 太泰 / 怠殆態

토 : 土 / 吐免討

퇴 : 退 /

특 : 特 /

[ㅍ]

파 : 破波 / 派播罷頗

팔 : 八 /

편 : 片便篇 / 編遍

폐 : 閉 / 肺廢弊蔽幣

폭 : 暴 / 爆幅

품 : 品 /

피 : 皮彼 / 疲被避

판 : 判 / 板販版

패 : 貝敗 /

평 : 平 / 評

포 : 布抱 / 包胞飽浦捕

표 : 表 / 票標漂

풍 : 風楓豊 /

필 : 必匹筆 / 畢

[ㅎ]

하 : 下夏賀何河 / 荷

한 : 閑寒恨限韓漢 / 旱汗

함 : / 咸含陷

항 : 恒 / 巷港項抗航

핵 : / 核

학 : 學 / 鶴

할 : / 割

합 : 合 /

해 : 害海亥解 / 奚該

행 : 行幸 /

향 : 向香鄕 / 響享

헌 : / 軒憲獻

혁 : / 革

혈 : 血 / 穴

형 : 兄刑形 / 亨螢

호 : 戶乎呼好虎號湖 / 互胡浩毫豪護

혼 : 婚混 / 昏魂

홍 : 紅 / 洪弘鴻

확 : / 確穫擴

활 : 活 /

회 : 回會 / 灰悔懷

획 : / 橫

후 : 後厚 / 候侯喉

훼 : / 毁

휴 : 休 / 携

흑 : 黑 /

흥 : 興 /

허 : 虛許 /

험 : / 險驗

현 : 現賢 / 玄弦絃縣懸顯

협 : 協 / 脅

혜 : 惠 / 慧兮

혹 : 或 / 惑

홀 : / 忽

화 : 火化花貨和話畵華 / 禾禍

환 : 歡患 / 丸換環還

황 : 黃皇 / 況荒

획 : / 獲劃

효 : 孝效 / 曉

훈 : 訓 /

휘 : / 揮輝

흉 : 凶胸 /

흡 : / 吸

희 : 希喜 / 稀戱噫熙

8. 잘못 읽기 쉬운 한자어

間隙(간극) 艱難(간난) 看做(간주) 間歇(간헐) 減殺(감쇄) 改悛(개전)
醵出(갹출) 車馬(거마) 更張(경장) 更迭(경질) 滑沒(골몰) 鞏固(공고)
攻駁(공박) 誇示(과시) 過剩(과잉) 款待(관대) 官衙(관아) 乖離(괴리)
攪亂(교란) 敎唆(교사) 狡猾(교활) 口腔(구강) 句讀點(구두점) 拘碍(구애)
拘引(구인) 救恤(구휼) 詭辯(궤변) 句節(구절) 糾彈(규탄) 龜裂(균열)
琴瑟(금슬) 矜持(긍지) 旗幟(기치) 嗜好(기호) 喫煙(끽연) 癩病(나병)
內人(나인) 拿捕(나포) 烙印(낙인) 難澁(난삽) 捺印(날인) 捏造(날조)
拉致(납치) 狼藉(낭자) 內帑金(내탕금) 漏泄(누설) 訥辯(눌변) 團欒(단란)
遝至(답지) 撞着(당착) 島嶼(도서) 陶冶(도야) 挑戰(도전) 登攀(등반)
滿腔(만강) 萌芽(맹아) 明晳(명석) 明澄(명징) 牧丹(모란) 無辜(무고)

紊亂(문란) 剝奪(박탈) 反駁(반박) 反芻(반추) 潑剌(발랄) 拔萃(발췌)
尨大(방대) 背馳(배치) 兵站(병참) 菩提(보리) 布施(보시) 敷衍(부연)
沸騰(비등) 嚬蹙(빈축) 憑藉(빙자) 娑婆(사바) 獅子吼(사자후) 使嗾(사주)
奢侈(사치) 撒水(살수) 撒布(살포) 相殺(상쇄) 上梓(상재) 省略(생략)
逝去(서거) 羨望(선망) 閃光(섬광) 洗滌(세척) 遡及(소급) 甦生(소생)
騷擾(소요) 贖罪(속죄) 殺到(쇄도) 蒐集(수집) 收穫(수확) 拾得(습득)
昇遐(승하) 猜忌(시기) 示唆(시사) 辛辣(신랄) 惡辣(악랄) 齷齪(악착)
軋轢(알력) 斡旋(알선) 謁見(알현) 隘路(애로) 惹起(야기) 掩蔽(엄폐)
閭閻(여염) 轢死(역사) 厭惡(염오) 囹圄(영어) 六月(유월) 誤謬(오류)
嗚咽(오열) 惡寒(오한) 訛傳(와전) 樂山(요산) 要塞(요새) 夭折(요절)
凹凸(요철) 容喙(용훼) 誘拐(유괴) 遊說(유세) 隱匿(은닉) 歪曲(왜곡)
吏讀(이두) 移徙(이사) 弛緩(이완) 溺死(익사) 匿名(익명) 一切(일체)
自暴(자포) 箴言(잠언) 這間(저간) 詛呪(저주) 敵愾(적개) 靜謐(정밀)
造詣(조예) 慫慂(종용) 挫折(좌절) 憎惡(증오) 支撐(지탱) 眞摯(진지)
桎梏(질곡) 嫉妬(질투) 斟酌(짐작) 執拗(집요) 茶禮(차례) 斬新(참신)
刺殺(척살) 闡明(천명) 穿鑿(천착) 諦念(체념) 憔悴(초췌) 撮影(촬영)
衷心(충심) 趣向(취향) 熾烈(치열) 蟄居(칩거) 琢磨(탁마) 綻露(탄로)
彈劾(탄핵) 耽溺(탐닉) 耽讀(탐독) 搭乘(탑승) 攄得(터득) 洞察(통찰)
推敲(퇴고) 破綻(파탄) 稗官(패관) 悖倫(패륜) 敗北(패배) 平坦(평탄)
閉塞(폐색) 褒賞(포상) 捕捉(포착) 標識(표지) 風靡(풍미) 諷刺(풍자)
逼迫(핍박) 割引(할인) 肛門(항문) 解弛(해이) 諧謔(해학) 行悖(행패)
絢爛(현란) 螢雪(형설) 好惡(호오) 豪宕(호탕) 膾炙(회자) 獲得(획득)
嚆矢(효시) 嗅覺(후각) 萱堂(훤당) 麾下(휘하) 欣然(흔연) 恰似(흡사)
洽足(흡족) 詰難(힐난)

9. 반대자(反對字)

漢字	反對字	漢字	反對字	漢字	反對字	漢字	反對字
可(가)	否(부)	競(경)	協(협)	舊(구)	新(신)	老(노)	少(소)
加(가)	減(감)	繼(계)	切(절)	君(군)	臣(신)	勞(노)	使(사)
假(가)	眞(진)	繼(계)	絶(절)	君(군)	民(민)	多(다)	少(소)
各(각)	合(합)	繼(계)	斷(단)	群(군)	獨(독)	單(단)	複(복)
甘(감)	苦(고)	高(고)	低(저)	群(군)	孤(고)	短(단)	長(장)
減(감)	益(익)	古(고)	新(신)	屈(굴)	直(직)	端(단)	始(시)
減(감)	增(증)	古(고)	今(금)	窮(궁)	富(부)	斷(단)	連(련)
江(강)	山(산)	苦(고)	樂(락)	近(근)	遠(원)	斷(단)	續(속)
降(강)	等(등)	曲(곡)	直(직)	給(급)	受(수)	斷(단)	承(승)
康(강)	危(위)	骨(골)	肉(육)	己(기)	心(심)	斷(단)	接(접)
强(강)	弱(약)	公(공)	私(사)	起(기)	伏(복)	擔(담)	負(부)
個(개)	總(총)	功(공)	過(과)	起(기)	寢(침)	答(답)	問(문)
開(개)	閉(폐)	功(공)	守(수)	吉(길)	凶(흉)	黨(당)	獨(독)
客(객)	主(주)	功(공)	防(방)	暖(난)	冷(랭)	大(대)	小(소)
去(거)	來(래)	空(공)	在(재)	暖(난)	寒(한)	隊(대)	獨(독)
巨(거)	小(소)	空(공)	有(유)	難(난)	易(이)	徒(도)	獨(독)
建(건)	弱(약)	共(공)	存(존)	男(남)	女(여)	獨(독)	等(등)
結(결)	釋(석)	空(공)	滿(만)	南(남)	北(북)	獨(독)	類(류)
結(결)	解(해)	果(과)	因(인)	內(내)	外(외)	獨(독)	重(중)
輕(경)	重(중)	敎(교)	學(학)	冷(냉)	溫(온)	冬(동)	夏(하)

漢字	反對字	漢字	反對字	漢字	反對字	漢字	反對字
競(경)	和(화)	究(구)	硏(연)	冷(냉)	熱(열)	同(동)	異(이)
東(동)	西(서)	妹(매)	姉(자)	保(보)	拍(박)	殺(쇄)	增(증)
洞(통)	暗(암)	賣(매)	買(매)	保(보)	討(토)	上(상)	下(하)
動(동)	靜(정)	明(명)	暗(암)	保(보)	打(타)	生(생)	殺(살)
得(득)	失(실)	鳴(명)	笑(소)	福(복)	災(재)	夕(석)	朝(조)
樂(락)	悲(비)	母(모)	父(부)	夫(부)	婦(부)	先(선)	後(후)
朗(랑)	暗(암)	無(무)	有(유)	負(부)	勝(승)	善(선)	惡(악)
來(래)	往(왕)	無(무)	在(재)	富(부)	貧(빈)	雪(설)	雨(우)
來(래)	進(진)	無(무)	存(존)	富(부)	困(곤)	成(성)	敗(패)
來(래)	就(취)	民(민)	王(왕)	分(분)	合(합)	省(생)	加(가)
冷(랭)	溫(온)	民(민)	帝(제)	不(부)	正(정)	省(생)	益(익)
冷(랭)	熱(열)	民(민)	主(주)	非(비)	是(시)	省(생)	增(증)
旅(려)	主(주)	拍(박)	守(수)	悲(비)	歡(환)	小(소)	偉(위)
連(련)	切(절)	拍(박)	防(방)	悲(비)	喜(희)	小(소)	太(태)
連(련)	絶(절)	班(반)	合(합)	氷(빙)	炭(탄)	少(소)	衆(중)
老(노)	少(소)	防(방)	伐(벌)	士(사)	將(장)	素(소)	黑(흑)
勞(로)	使(사)	防(방)	討(토)	死(사)	生(생)	消(소)	現(현)
陸(육)	海(해)	防(방)	打(타)	死(사)	活(활)	消(소)	顯(현)
利(이)	害(해)	放(방)	操(조)	社(사)	散(산)	續(속)	絶(절)
利(이)	損(손)	放(방)	防(방)	山(산)	川(천)	續(속)	切(절)
滿(만)	虛(허)	白(백)	黑(흑)	山(산)	河(하)	束(속)	解(해)
末(말)	始(시)	伐(벌)	守(수)	散(산)	集(집)	損(손)	加(가)
末(말)	初(초)	罰(벌)	賞(상)	散(산)	蓄(축)	損(손)	益(익)

漢字	反對字	漢字	反對字	漢字	反對字	漢字	反對字
亡(망)	存(존)	別(별)	如(여)	散(산)	會(회)	損(손)	增(증)
亡(망)	盛(성)	兵(병)	將(장)	殺(쇄)	加(가)	送(송)	受(수)
亡(망)	興(흥)	保(보)	攻(공)	殺(쇄)	益(익)	送(송)	迎(영)
水(수)	火(화)	安(안)	危(위)	張(장)	縮(축)	左(좌)	右(우)
手(수)	足(족)	壓(압)	解(해)	爭(쟁)	和(화)	進(진)	退(퇴)
守(수)	討(토)	夜(야)	午(오)	爭(쟁)	協(협)	天(천)	地(지)
守(수)	打(타)	野(야)	與(여)	低(저)	尊(존)	初(초)	端(단)
授(수)	受(수)	約(약)	解(해)	低(저)	卓(탁)	初(초)	終(종)
受(수)	與(여)	陽(양)	陰(음)	前(전)	後(후)	春(춘)	秋(추)
順(순)	逆(역)	如(여)	異(이)	戰(전)	和(화)	出(출)	入(입)
崇(숭)	低(저)	如(여)	差(차)	戰(전)	協(협)	就(취)	退(퇴)
承(승)	切(절)	如(여)	他(타)	切(절)	接(접)	鬪(투)	和(화)
承(승)	絶(절)	易(이)	難(난)	折(절)	直(직)	特(특)	普(보)
勝(승)	敗(패)	延(연)	縮(축)	絶(절)	繼(계)	學(학)	訓(훈)
始(시)	終(종)	熱(열)	寒(한)	絶(절)	接(접)	合(합)	班(반)
始(시)	卒(졸)	溫(온)	寒(한)	正(정)	反(반)	合(합)	配(배)
臣(신)	王(왕)	恩(은)	怨(원)	正(정)	誤(오)	合(합)	別(별)
臣(신)	帝(제)	隱(은)	現(현)	除(제)	加(가)	兄(형)	弟(제)
臣(신)	主(주)	隱(은)	顯(현)	除(제)	益(익)	火(화)	河(하)
身(신)	心(심)	益(익)	除(제)	除(제)	增(증)	活(활)	殺(살)
實(실)	虛(허)	日(일)	月(월)	提(제)	推(추)		
惡(오)	好(호)	引(인)	追(추)	祖(조)	孫(손)		
惡(오)	愛(애)	自(자)	他(타)	卒(졸)	初(초)		

10. 반대어(反對語)

漢字	反對語	漢字	反對語
加入(가입)	脫退(탈퇴)	單純(단순)	複雜(복잡)
減少(감소)	增加(증가)	單式(단식)	複式(복식)
感情(감정)	理性(이성)	單一(단일)	複合(복합)
個別(개별)	全體(전체)	斷絶(단절)	連結(연결)
拒絶(거절)	承認(승인)	短縮(단축)	延長(연장)
缺席(결석)	出席(출석)	對話(대화)	獨白(독백)
結婚(결혼)	離婚(이혼)	同議(동의)	異議(이의)
輕減(경감)	加重(가중)	登場(등장)	退場(퇴장)
固定(고정)	流動(유동)	母音(모음)	子音(자음)
困難(곤란)	容易(용이)	文語(문어)	口語(구어)
空想(공상)	現實(현실)	門外漢(문외한)	專門家(전문가)
空虛(공허)	充實(충실)	物質(물질)	精神(정신)
過去(과거)	未來(미래)	未備(미비)	完備(완비)
光明(광명)	暗黑(암흑)	密集(밀집)	散在(산재)
君子(군자)	小人(소인)	發達(발달)	退步(퇴보)
權利(권리)	義務(의무)	放心(방심)	操心(조심)
樂觀(낙관)	悲觀(비관)	背恩(배은)	報恩(보은)
內容(내용)	形式(형식)	別居(별거)	同居(동거)
內包(내포)	外延(외연)	保守(보수)	革新(혁신)
能動(능동)	受動(수동)	服從(복종)	反抗(반항)
多元(다원)	單元(단원)	本業(본업)	副業(부업)
不法(불법)	合法(합법)	原因(원인)	結果(결과)
部分(부분)	全體(전체)	恩惠(은혜)	怨恨(원한)

漢字	反對語	漢字	反對語
不運(불운)	幸運(행운)	異端(이단)	正統(정통)
否認(부인)	是認(시인)	理想(이상)	現實(현실)
富者(부자)	貧者(빈자)	利益(이익)	損失(손실)
不幸(불행)	幸福(행복)	離脫(이탈)	接近(접근)
分斷(분단)	連結(연결)	人爲(인위)	自然(자연)
分擔(분담)	專擔(전담)	入金(입금)	出金(출금)
分理(분리)	統合(통합)	立體(입체)	平面(평면)
不實(부실)	充實(충실)	紫銅(자동)	手動(수동)
非難(비난)	稱讚(칭찬)	自立(자립)	依存(의존)
秘密(비밀)	公開(공개)	敵對(적대)	友好(우호)
非番(비번)	當番(당번)	切斷(절단)	連結(연결)
死後(사후)	生前(생전)	正當(정당)	不當(부당)
相對(상대)	絶對(절대)	正常(정상)	異常(이상)
生花(생화)	造花(조화)	正午(정오)	子正(자정)
成功(성공)	失敗(실패)	增進(증진)	減退(감퇴)
小隙(소극)	積極(적극)	直接(직접)	間接(간접)
所得(소득)	損失(손실)	質疑(질의)	應答(응답)
消費(소비)	生産(생산)	差別(차별)	平等(평등)
勝利(승리)	敗北(패배)	快樂(쾌락)	苦痛(고통)
實質(실질)	形式(형식)	退院(퇴원)	入院(입원)
惡意(악의)	善意(선의)	破婚(파혼)	約婚(약혼)
安全(안전)	危險(위험)	好況(호황)	不況(불황)
溫情(온정)	冷情(냉정)	劃一(획일)	多樣(다양)

11. 유의자(類義字)

漢 字	類義字	漢 字	類義字	漢 字	類義字	漢 字	類義字
可(가)	義(의)	減(감)	省(생)	結(결)	約(약)		卓(탁)
加(가)	益(익)		損(손)	經(경)	文(문)	穀(곡)	糧(량)
	增(증)		除(제)		書(서)	困(곤)	疲(피)
家(가)	庫(고)	康(강)	安(안)		章(장)		窮(궁)
	宮(궁)		健(건)		句(구)		貧(빈)
	堂(당)	改(개)	更(경)	經(경)	過(과)	共(공)	同(동)
	舍(사)	客(객)	旅(려)		歷(력)	攻(공)	擊(격)
	室(실)	更(갱)	復(부)	境(경)	界(계)		拍(박)
	屋(옥)	去(거)	往(왕)		區(구)		伐(벌)
	院(원)		進(진)		域(역)		討(토)
	宅(택)		就(취)	計(계)	算(산)		打(타)
	戶(호)	巨(거)	大(대)	繼(계)	續(속)	空(공)	虛(허)
街(가)	道(도)		偉(위)	系(계)	係(계)	恭(공)	敬(경)
	路(로)		太(태)	階(계)	段(단)	果(과)	實(실)
	程(정)	居(거)	住(주)		層(층)	過(과)	失(실)
歌(가)	樂(락)	拒(거)	防(방)	考(고)	念(념)		誤(오)
	謠(요)		障(장)		慮(려)	光(광)	色(색)
覺(각)	警(경)	建(건)	立(립)		思(사)	廣(광)	博(박)
看(간)	監(감)	見(견)	觀(관)		想(상)		普(보)
	見(견)		覽(람)	孤(고)	獨(독)	敎(교)	訓(훈)
	觀(관)		視(시)	故(고)	古(고)	具(구)	備(비)
	覽(람)		示(시)		舊(구)	救(구)	濟(제)
	視(시)	堅(견)	固(고)	高(고)	崇(숭)	君(군)	王(왕)
簡(간)	略(략)		確(확)		尊(존)		帝(제)

漢 字	類義字	漢 字	類義字	漢 字	類義字	漢 字	類義字
	主(주)		範(범)		務(무)	童(동)	兒(아)
軍(군)	兵(병)		法(법)	怒(노)	憤(분)	頭(두)	首(수)
	士(사)		式(식)	單(단)	獨(독)	朗(랑)	洞(통)
	卒(졸)		典(전)	團(단)	圓(원)	冷(랭)	寒(한)
郡(군)	邑(읍)		則(칙)	端(단)	末(말)	良(량)	仁(인)
	州(주)		憲(헌)		終(종)		賢(현)
群(군)	黨(당)	均(균)	調(조)		卒(졸)	兩(량)	二(이)
	徒(도)	根(근)	本(본)	斷(단)	切(절)		再(재)
	隊(대)	金(금)	鐵(철)		絶(절)	麗(려)	鮮(선)
	等(등)	給(급)	授(수)	談(담)	辯(변)	連(련)	續(속)
	類(류)		與(여)		辭(사)		承(승)
	衆(중)	己(기)	身(신)		說(설)		接(접)
屈(굴)	曲(곡)		體(체)		語(어)	練(련)	習(습)
	折(절)	技(기)	術(술)		言(언)	列(렬)	羅(라)
窮(궁)	極(극)		藝(예)		話(화)	令(령)	使(사)
	盡(진)		才(재)	擔(담)	任(임)	領(령)	統(통)
券(권)	狀(장)	記(기)	錄(록)	到(도)	致(치)	論(론)	議(의)
	籍(적)		識(식)	度(탁)	量(량)	留(류)	停(정)
卷(권)	冊(책)		誌(지)		料(료)		止(지)
	篇(편)	暖(난)	溫(온)		測(측)	理(리)	治(치)
勸(권)	勉(면)	年(년)	歲(세)	逃(도)	北(배)	望(망)	希(희)
歸(귀)	回(회)	念(념)	慮(려)		避(피)	妹(매)	姉(자)
規(규)	度(도)		思(사)	盜(도)	賊(적)	明(명)	朗(랑)
	例(례)		想(상)	道(도)	路(로)	模(모)	範(범)
	律(률)	努(노)	勉(면)		程(정)	毛(모)	髮(발)

漢 字	類義字	漢 字	類義字	漢 字	類義字	漢 字	類義字
木(목)	樹(수)		語(어)		卒(졸)	水(수)	河(하)
目(목)	眼(안)		言(언)	仕(사)	奉(봉)	秀(수)	優(우)
文(문)	章(장)		話(화)	社(사)	會(회)	授(수)	與(여)
物(물)	件(건)	變(변)	化(화)		集(집)	宿(숙)	寢(침)
	品(품)	別(별)	異(이)	算(산)	數(수)	崇(숭)	尊(존)
未(미)	否(부)		差(차)	殺(쇄)	減(감)		卓(탁)
	非(비)		他(타)		除(제)	始(시)	初(초)
	不(불)		分(분)		損(손)	試(시)	驗(험)
博(박)	普(보)	兵(병)	士(사)	床(상)	案(안)	息(식)	休(휴)
班(반)	配(배)		卒(졸)	生(생)	出(출)	心(심)	情(정)
	別(별)	保(보)	守(수)		活(활)	養(양)	育(육)
	分(분)		衛(위)	席(석)	位(위)	樣(양)	姿(자)
發(발)	演(연)		護(호)		座(좌)		形(형)
	展(전)	報(보)	告(고)	先(선)	前(전)		態(태)
防(방)	障(장)		珍(진)	宣(선)	設(설)	餘(여)	遺(유)
	守(수)	服(복)	衣(의)		施(시)		殘(잔)
放(방)	釋(석)	府(부)	村(촌)		張(장)	硏(연)	究(구)
	解(해)		廳(청)	船(선)	航(항)	永(영)	遠(원)
配(배)	分(분)		里(리)	選(선)	擇(택)		長(장)
白(백)	素(소)	部(부)	隊(대)		別(별)	曜(요)	華(화)
番(번)	序(서)	副(부)	次(차)	省(성)	察(찰)	容(용)	面(면)
	第(제)	批(비)	評(평)	聲(성)	音(음)	運(운)	移(이)
邊(변)	際(제)	費(비)	用(용)	速(속)	急(급)	援(원)	助(조)
辯(변)	辭(사)	貧(빈)	窮(궁)	屬(속)	着(착)		護(호)
	說(설)	士(사)	儒(유)	頌(송)	讚(찬)	怨(원)	恨(한)

漢 字	類義字	漢 字	類義字	漢 字	類義字	漢 字	類義字
願(원)	望(망)	折(절)	曲(곡)	海(해)	洋(양)		
	希(희)	節(절)	寸(촌)	幸(행)	福(복)		
委(위)	任(임)	正(정)	直(직)	現(현)	顯(현)		
有(유)	在(재)	製(제)	作(작)	號(호)	名(명)		
	存(존)		造(조)	混(혼)	雜(잡)		
恩(은)	惠(혜)	組(조)	織(직)	畵(화)	圖(도)		
意(의)	情(정)		績(적)	歡(환)	喜(희)		
	志(지)	調(조)	和(화)	回(회)	反(반)		
	趣(취)	終(종)	止(지)	吸(흡)	飮(음)		
二(이)	再(재)	種(종)	核(핵)				
引(인)	提(제)	至(지)	極(극)				
認(인)	知(지)		到(도)				
	識(식)	持(지)	取(취)				
資(자)	財(재)	進(진)	就(취)				
	貨(화)	差(차)	異(이)				
殘(잔)	遺(유)		他(타)				
貯(저)	積(적)	參(참)	與(여)				
	築(축)	唱(창)	招(초)				
赤(적)	朱(주)		呼(호)				
	紅(홍)	致(치)	至(지)				
適(적)	迎(영)	探(탐)	訪(방)				
績(적)	織(직)	退(퇴)	去(거)				
戰(전)	鬪(투)	敗(패)	負(부)				
	爭(쟁)	平(평)	均(균)				
切(체)	全(전)	害(해)	妨(방)				

12. 고사성어(故事成語)

苛斂誅求(가렴주구) : 세금을 가혹하게 부과하며, 무리하게 재물을 빼앗는다.

佳人薄命(가인박명) : 아름다운 사람들이 운명이 가혹하다.

苛政猛於虎(가정맹어호) : 가혹한 정치가 범보다도 더 큰 해를 끼친다.

家和萬事成(가화만사성) : 가정이 화목하면 모든 일이 제대로 이루어진다.

刻舟求劍(각주구검) : 배에서 칼을 떨어뜨리고 떨어진 자리에 표시를 하였다가 배가 정박한 뒤에 칼을 찾는다. 시세의 변천을 모르고 변통성이 없다는 뜻이다.

甘呑苦吐(감탄고토) : 달면 삼키고 쓰면 뱉는다. 신의를 저버리고 이익만을 도모한다는 뜻이다.

甲男乙女(갑남을녀) : 보통 평범한 사람들

康衢煙月(강구연월) : 태평한 시대의 평화스러운 모습

江南種橘江北爲枳(강남종귤강북위지) : 강남에 심은 귤은 강북에 심으면 탱자가 된다. 같은 사람일지라도 환경에 따라 달라질 수 있음을 비유한 말이다.

改過遷善(개과천선) : 지나간 허물을 고치면 착하게 된다.

去頭截尾(거두절미) : 머리와 꼬리를 잘라 버리고 요점만 말한다.

擧案齊眉(거안제미) : 밥상을 들어 눈썹을 맞추다. 부부간에 금슬이 좋음을 비유하거나 아내가 남편을 공경하는 것을 비유하는 말이다.

乾坤一擲(건곤일척) : 운명과 흥망을 걸고 단판걸이로 승부나 성패를 겨룬다.

乾達(건달) : 아무 일도 하지 않고 게으름을 피우면서 무위도식하는 사람. 불교용어인 건달파(乾達婆)에서 왔다.

格物致知(격물치지) : 사물에 이르러 이치를 추궁하는 것에서 지식을 쌓아 앎에 이른다. 주자학과 양명학에서 사용되는 용어이다.

隔世之感(격세지감) : 다른 세대로 느껴질 만큼 많은 변화가 있다.

隔靴搔癢(격화소양) : 신을 신은 채 가려운 데를 긁음. 성에 차지 않거나 철저하지 못하다.

牽强附會(견강부회) : 이치에 맞지 않는 말을 억지로 끌어다 붙이다.

犬馬之勞(견마지로) : 자기의 노력을 낮추어 일컫는 말이다.

見蚊拔劍(견문발검) : 보기 보고 칼을 빼다.

結草報恩(결초보은) : 죽어서까지라도 은혜를 잊지 않고 갚는다.

傾國之色(경국지색) : 한 나라 안에서 제일 가는 미인

敬而遠之(경이원지) : 공경하지만 가까이 아니하다. 경원시(敬遠視)하다.

鷄卵有骨(계란유골) : 달걀 속에도 뼈가 있다. 뜻밖에 장애물이 생기다.

鷄肋(계륵) : 닭의 갈비가 먹을 수는 없어도 버리기는 아깝다는 말이다. 버릴 수도 취할 수도 없음.

股肱之臣(고굉지신) : 팔다리 같이 믿음직스러워 귀중하게 여기는 신하

膏粱珍味(고량진미) : 기름지고 맛있는 음식

孤城落日(고성낙일) : 원군(援軍)이 오지 않는 외로운 성과 저녁의 낙조. 기운도 떨어지고 다시 일어날 힘도 없는데 도와주는 사람도 없는 외로운 신세가 된 것을 비유하는 말이다.

姑息之計(고식지계) : 아녀자나 어린아이가 꾸미는 계책

苦肉之策(고육지책) : 자기편 사람을 고의로 해쳐서 적국으로 달아나게 하여 적국의 사정을 염탐하게 하고 함정에 빠뜨리는 수법

孤掌難鳴(고장난명) : 손바닥 하나로는 소리가 나지 않는다. 혼자 힘으로는 일하기 어렵다.

苦盡甘來(고진감래) : 고생 끝에 즐거움이 온다.

古稀(고희) : 70살을 일컫는 말로서 두보의 <곡강(曲江)시>에 나오는 "인생칠십고래희(人生七十古來稀)"에서 온 말이다.

曲學阿世(곡학아세) : 학문을 굽히고 세상에 아부하다.

骨肉相爭(골육상쟁) : 혈족끼리 서로 다투고 해치는 것. 골육상잔(骨肉相殘)

空手來空手去(공수래공수거) : 세상에 빈손으로 왔다가 빈손으로 간다는 뜻이다.

空中樓閣(공중누각) : 공중에 지은 누각. 진실성이 없고 비현실적이라는 뜻이다.

過猶不及(과유불급) : 중용을 벗어나 지나치면 미치지 못함과 같다.

瓜田不納履(과전불납리) : 오이 밭에서 신을 고쳐 신지 말라. 의심받은 일을 하지 말라.

管鮑之交(관포지교) : 중국의 관중(管仲)과 포숙(鮑叔)과 같이 다정한 친구 사이의 교제

刮目相對(괄목상대) : 눈을 비비고 자세히 봄. 남의 학문이나 덕행이 현저하게 진보

矯角殺牛(교각살우) : 뿔을 고치려다 소를 죽인다. 작은 일에 힘쓰다가 큰 일을 망침

蛟龍得水(교룡득수) : 교룡이 물을 얻다. 사람이 자기의 능력을 보여줄 기회를 만나 자만에 빠져 분수를 잊어버리는 경우를 비유하는 말이다.

巧言令色(교언영색) : 교묘한 말과 얼굴색으로 남의 환심을 사려 한다.

矯枉過正(교왕과정) : 굽은 것을 바로잡으려다 너무 곧게 되었다는 뜻이다. 잘못을 시정하려다가 절충이 지나친 것을 비유하는 말

狗尾續貂(구미속초) : 훌륭한 것에 하찮은 것이 뒤를 잇는다.

口蜜腹劍(구밀복검) : 입술에는 꿀을 바르고 배에는 칼을 품고 있다. 겉으론 친절하게 대하면서 속으로는 딴 생각을 하는 경우를 비유하는 말

九死一生(구사일생) : 거의 죽을 뻔하다가 간신히 살아나거나 너무 위태로워 거의 살 가망이 없을 때 쓰는 말

口尙乳臭(구상유취) : 입에서 아직 젖 냄새가 난다. 나이가 어리고 경험이 없어 언행이 유치한 경우를 비유하는 말

九牛一毛(구우일모) : 많은 것 가운데에서 극히 적은 것

九折羊腸(구절양장) : 꼬불꼬불한 험한 길

九遷十葬(구천십장) : 사물에는 주인이 따로 있다는 말. 특히 장지 선정에서 많이 쓰이는 말로 명당에는 주인이 따로 있으니 인력으로 이루기 어렵다는 뜻

九重深處(구중심처) : 대궐 안 깊은 곳

群鷄一鶴(군계일학) : 변변치 못한 사람 가운데 홀로 뛰어난 사람

群雄割據(군웅할거) : 여러 영웅이 세력을 다투어 땅을 갈라 버티고 있다.

君子不器(군자불기) : 군자는 능력이나 기량이 뛰어나 그릇으로 잴 수 없다.

君子三樂(군자삼락) : 군자의 3가지 즐거움(父母俱存兄弟無故一樂, 仰不愧於天俯不怍於人二樂, 得天下英才敎育之三樂).

窮鳥入懷(궁조입회) : 사람이 궁할 때는 적에게도 의지한다는 말

勸善懲惡(권선징악) : 선행을 권장하고 악행을 벌한다.

捲土重來(권토중래) : 한 번 패했다가 다시 세력을 회복하여 쳐들어 감

克己復禮(극기복례) : 과도한 욕망을 누르고 예절을 좇다.

近墨者黑(근묵자흑) : 먹을 가까이 하는 사람은 검어진다. 나쁜 사람과 사귀면 그 버릇에 물들기 쉽다.

金科玉條(금과옥조) : 금, 옥 같이 소중하게 여기며 반드시 지켜야 할 법규

金蘭之契(금란지계) : 극히 다정한 친구 사이의 情誼(정의)

錦上添花(금상첨화) : 잘 된 뒤에 더욱 잘 됨

金石盟約(금석맹약) : 쇠와 돌 같이 굳게 맹세하여 맺은 약속

金城湯池(금성탕지) : 매우 튼튼하고 잘된 城池(성지)

金烏玉兎(금오옥토) : 해(금오)와 달(옥토).

錦衣夜行(금의야행) : 비단옷을 입고 밤길을 간다. 성공했어도 보람이 없음

錦衣還鄕(금의환향) : 비단옷을 입고 고향으로 돌아옴. 높은 지위를 얻어 고향에 돌아옴

金枝玉葉(금지옥엽) : 임금의 자손. 귀여운 자손을 소중하게 일컫는 말

氣高萬丈(기고만장) : 좋거나 또는 화가 나서 펄펄 뛰는 일

麒麟兒(기린아) : 재능이나 기술이 비상하여 뛰어난 사람을 비유한 말

起死回生(기사회생) : 원래는 죽은 사람을 살린다는 말로 의술이 뛰어난 것을 이르는 말. 지금은 뜻이 조금 변하여 역경을 이기고 다시 재기한다는 것을 일컫는 말

寄與補裨(기여보비) : 이바지하여 돕고 모자람을 보태어 준다.

杞憂(기우) : 기나라 사람이 하늘이 무너질까 걱정함. 장래에 대한 쓸데없는 걱정

落落長松(낙락장송) : 우뚝우뚝 솟은 큰 소나무

落花流水(낙화유수) : 흐르는 물 위에 꽃잎이 떨어짐. 사물이 쇠퇴해가는 모습이나 싸움에서의 참패를 비유하는 말

爛商討論(난상토론) : 여러 사람들이 자세하게 의논하다.

亂臣賊子(난신적자) : 나라와 사회를 어지럽히는 무리

難兄難弟(난형난제) : 사물의 우열이 없다는 말

南柯一夢(남가일몽) : 한 때의 헛된 부귀를 비유하는 말. 일장춘몽(一場春夢)

南男北女(남남북녀) : 우리나라에서 남쪽지방은 남자가 잘 생기고, 북쪽지방은 여자가 곱다는 속설

囊中之錐(낭중지추) : 재능이 뛰어난 사람은 숨어 있어도 사람에게 알려진다.

內憂外患(내우외환) : 나라 안팎의 근심 걱정

勞心焦思(노심초사) : 애를 써서 속을 태우다.

論功行賞(논공행상) : 공적을 따져 적절한 상을 내리다.

弄瓦之慶(농와지경) : 딸을 낳은 기쁨

弄璋之慶(농장지경) : 아들을 낳은 기쁨

累卵之危(누란지위) : 계란을 쌓아놓은 것처럼 매우 위태하다.

能見難思(능견난사) : 잘 살펴 볼 수 있으면서도 보통의 이치로는 헤아리기 어려운 일

能書不擇筆(능서불택필) : 서예에 능한 사람은 붓을 가리지 않는다. 재주나 능력이 뛰어난 사람은 도구의 성능에 구애됨이 없이 일을 잘 해 나간다는 것을 비유한 말

多多益善(다다익선) : 많을수록 좋다는 말

茶飯事(다반사) : 차를 마시거나 밥을 먹는 일. 항상 일어나는 일상적인 일을 비유한 말

斷金之交(단금지교) : 사귀는 정이 매우 깊음을 비유하는 말

丹脣皓齒(단순호치) : 붉은 입술과 흰 이. 미인의 얼굴

堂狗風月(당구풍월) : 서당개 3년이면 풍월을 읊는다는 말. 무식한 사람이라도 유식한 사람과 같이 있으면 다소 유식해진다는 말

大器晩成(대기만성) : 크게 될 사람은 오랜 공적을 쌓아 늦게 이루어진다.

大同小異(대동소이) : 대체로 같고 조금씩 차이가 남

大義滅親(대의멸친) : 옳은 일을 위해서 친한 사람의 잘못도 감추어 주지 않는다.

膽大心小(담대심소) : 도량은 한없이 넓은데, 마음은 늘 주의 깊게 한다.

德不孤必有隣(덕불고필유린) : 덕은 외롭지 않아 반드시 이웃이 있다.

桃園結義(도원결의) : 복숭아밭에서 맺은 의로운 약속. 촉나라의 유비, 관우, 장비가 맺은 약속을 말하지만 의기투합하여 일을 추진할 때도 비유적으로 쓰인다.

塗炭之苦(도탄지고) : 진구렁이나 숯불에 빠졌다. 몹시 곤궁한 지경에 빠짐

讀書百篇義自見(독서백편의자현) : 책을 여러 번 읽으면 뜻이 저절로 드러난다는 말이다.

頓悟漸修(돈오점수) : 갑자기 깨우치고 점진적으로 수양한다. 선가(禪家)의 기본적 수행원리

同病相燐(동병상린) : 같은 병을 앓고 있음을 알고 서로 불쌍히 여기다.

同床異夢(동상이몽) : 같은 처지에 있는 듯하면서도 서로의 생각이 다르다.

登龍門(등용문) : 용문은 황하의 상류에 있는 급류인데, 잉어가 여기에 오르기만 하면 용이 된다는 고사. 사람이 출세할 수 있는 지위에 오름

燈下不明(등하불명) : 등잔 밑이 어둡다는 뜻. 업은 아이 3년 찾는다.

燈火可親(등화가친) : 등불을 밝히고 독서에 힘 쓸 만하다는 뜻

馬耳東風(마이동풍) : 남의 말을 조금도 귀담아 듣지 않고 흘려 버림

莫逆之友(막역지우) : 극히 친밀한 벗

萬頃蒼波(만경창파) : 한이 없이 넓고 푸른 바다

萬端情話(만단정화) : 끝임 없이 속삭이는 정다운 이야기

萬事亨通(만사형통) : 모든 일이 두루 뜻대로 이루어지다.

萬事休矣(만사휴의) : 모든 일이 다 끝나다. 뜻하지 않은 난관에 부딪혀 더 이상

기대를 가질 수 없는 상황을 비유하는 말

萬壽無疆(만수무강) : 만 년을 살 수 있도록 건강하다.

萬全之策(만전지책) : 가장 안전한 대책

萬壑千峰(만학천봉) : 첩첩히 겹쳐진 많은 골짜기와 산봉우리

萬彙群象(만휘군상) : 온갖 일과 물건. 수없이 모여 이룬 무리

麥秀之嘆(맥수지탄) : 보리밭에 이삭이 패는 것을 보고 내는 탄식. 나라가 망하여 화려했던 곳이 폐허가 되었음을 나타내는 말

冕旒冠(면류관) : 제후나 경대부 이상의 관리가 쓰는 면류로 장식된 관

面從腹背(면종복배) : 표면으로는 복종하는 체하면서 내심으로는 배반함

明鏡止水(명경지수) : 잡념이나 허욕이 없이 맑고 조용한 마음

名實相符(명실상부) : 이름과 실상이 서로 잘 부합되는 것

明若觀火(명약관화) : 불을 보듯이 분명함

命在頃刻(명재경각) : 금방이라고 숨이 끊어질 지경에 이름

矛盾撞着(모순당착) : 같은 사람의 문장이나 언행이 앞뒤가 서로 어그러져서 모순됨

矛盾(모순) : 말의 전후가 어긋남

目不識丁(목불식정) : 낫 놓고 기역자도 모른다는 뜻

目不忍見(목불인견) : 차마 눈뜨고는 볼 수 없는 참상이나 꼴불견

朦朧滄茫(몽롱창망) : 어슴프레하고 넓고 멀어 아득하다.

夢寐之間(몽매지간) : 자는 동안, 꿈꾸는 동안

武陵桃源(무릉도원) : 이 세상을 떠난 별천지

無爲徒食(무위도식) : 하는 일 없이 먹고 놀기만 함

無盡藏(무진장) : 물건이나 지식 따위가 많아 바닥이 들어나지 않는다.

刎頸之友(문경지우) : 목을 잘라도 한이 없을 만한 친구. 刎頸之交(문경지교)

文房四友(문방사우) : 종이, 붓, 벼루, 먹

聞一知十(문일지십) : 하나를 들으면 열을 안다.

物外閒人(물외한인) : 속세를 벗어난 세계에 사는 한가한 사람

物議(물의) : 세상 사람들의 평판이나 뒷소문

彌縫策(미봉책) : 빈 구석을 메우는 책략. 또는 시급한 일을 대충 눈가림으로 덮어두는 방법

未曾有(미증유) : 일찍이 있지 않았다. 상황이나 사건이 너무 뜻밖이어서 유래를 찾을 수 없을 때 쓰는 말

拍掌大笑(박장대소) : 손바닥을 치면서 크게 웃음
反目嫉視(반목질시) : 서로 미워하고 질투하다.
拔本塞源(발본색원) : 폐해의 근본을 다스린다.
拔萃抄錄(발췌초록) : 여럿 속에서 중요한 것을 추려 간단히 적어둠
跋扈(발호) : 자기 마음대로 행동하다.
傍若無人(방약무인) : 옆에 사람이 없는 것처럼 거리낌 없이 마음대로 행동하다
蚌鷸之爭(방휼지쟁) : 조개와 황새가 서로 싸우다 어부에게 붙잡히다.
百年河淸(백년하청) : 아무리 기다려도 성공하기 어렵다.
白面書生(백면서생) : 얼굴이 흰 선비. 업무에 대한 실제적인 경험이 없고 책을 통해 이론적으로만 아는 사람을 가리키기도 한다.
百聞不如一見(백문불여일견) : 백 번 듣는 것보다 한 번 보는 것이 낫다.
百發百中(백발백중) : 백발을 쏘면 백발 모두 과녁에 맞는다. 예상했던 일이 모두 순조롭게 성사되는 것을 비유적으로 나타내기도 한다.
白眼視(백안시) : 눈을 하얗게 뜨고 바라보다. 사람을 무시해서 흘겨보는 것을 말한다.
百折不撓(백절불요) : 백 번 쓰러져도 굽히지 않는다.
百折不屈(백절불굴) : 수없이 꺾어도 굽히지 않음
伯仲之間(백중지간) : 실력이 서로 비슷하여 우열이 없는 것
變化難測(변화난측) : 변화가 많아서 측량하기 어렵다.
輔車相依(보거상의) : '보거'는 어금니를 말하므로, 서로 돕고 의지한다는 말
普遍妥當(보편타당) : 어디에나 두루 통하고 형편이나 이치에 마땅하다.
本第入納(본제입납) : 본집에 들어가는 편지. 자기 집에 편지할 때 받는 이의 이름 대신 자기 이름을 쓰고 나서 적는 말. 본가입납(本家入納)
附和雷同(부화뇌동) : 아무 비판 없이 타인의 말에 덩달아 따르다.
粉骨碎身(분골쇄신) : 뼈가 가루가 되고 몸이 부서지도록 희생적으로 노력
焚書坑儒(분서갱유) : 책을 불태우고 유학자들을 묻어버리다.
不可抗力(불가항력) : 사람의 힘으로는 어쩔 수 없다.
不共戴天(불공대천) : 함께 하늘을 이고 살 수 없다.
不立文字(불립문자) : 문자로는 세울 수 없다. 진정한 진리는 말이나 글로는 전할 수 없다.
不問可知(불문가지) : 묻지 않아도 알 수 있다.
不夜城(불야성) : 밤이 오지 않는 성. 등불이 아주 많은 것을 나타낸다.

不撤晝夜(불철주야) : 밤낮을 가리지 않고 일에 힘쓰다.
不肖(불초) : 닮지 않았다. 아버지를 닮지 않아서 재주가 부족하다는 말. 뜻으로 남에게 자신을 말할 때 붙인다.
不惑(불혹) : 혹하지 않는다. 40살
非夢似夢間(비몽사몽간) : 꿈인지 생시인지 알 수 없는 어렴풋함
氷炭不相容(빙탄불상용) : 얼음과 숯은 서로 용납하지 못한다. 군자와 소인은 어울릴 수 없다.
四端七情(사단칠정) : 인의예지(仁義禮智) 4단과 7정(喜怒哀樂愛惡欲)
四面楚歌(사면초가) : 전후좌우로 적에게 둘러싸여 곤경에 빠지다. 초(楚)의 항우가 해하(垓下)에서 유방의 한(漢)군에게 포위되었을 때 사방의 한군이 초의 노래를 부르자 초나라 군사가 한나라에 항복하는 자가 많았음
娑婆世界(사바세계) : 괴로움이 많은 이 세상
四分五裂(사분오열) : 의견이나 영토 따위가 갈라져 통일이 되지 못하다.
駟不及舌(사불급설) : 사람의 말이란 한 번 입 밖에 나가면 4필의 말이 끄는 마차로 좇아가도 잡지 못한다. 말조심하라는 뜻
私淑(사숙) : 직접 배우지는 못했지만 옛 선인(先人)이나 멀리 떨어져 있는 사람을 스승으로 삼아 자신의 품성을 닦는 것을 말한다.
死諸葛走生仲達(사제갈주생중달) : 죽은 제갈공명(諸葛孔明)이 산 사마중달(司馬仲達)을 달아나게 한다.
辭盡意不盡(사진의부진) : 말은 다하였지만 면면한 속뜻은 다하지 않고 있다.
死後藥方文(사후약방문) : 사람이 죽은 후에야 내린 약 처방
山窮水盡(산궁수진) : 어려움이 극도에 다다라 아무런 방법이 없다.
殺身成仁(살신성인) : 몸을 바쳐서 인을 이룬다.
三顧草廬(삼고초려) : 중국 3국 시대 촉한의 유비가 제갈공명을 3번이나 찾아 군사(軍師)로 초빙한 데에서 나온 말. 인재를 얻기 위한 노력.
三昧境(삼매경) : 산란한 마음을 한 곳에 모아 움직이지 않도록 해서 망념에서 벗어남
三伏炎天(삼복염천) : 초복, 중복, 말복을 뜻하는 가장 무더운 여름 날씨
三十六計(삼십육계) : 온갖 계책 중에서 줄행랑이 최고라는 뜻
三人行必有我師(삼인행필유아사) : 3사람이 길을 가면 반드시 나의 스승이 될 만한 사람이 있다.
三從之道(삼종지도) : 여성이 지켜야 할 3가지 법도. 어렸을 때는 아버지를 따르

고, 시집가서는 지아비를 따르고, 늙어서는 자식을 따라야 한다는 말

三尺童子(삼척동자) : 키가 3척밖에 안 되는 아이. 견문이 좁은 사람을 이르는 말

三遷之敎(삼천지교) : 맹자의 어머니가 아들의 교육을 위해 3번 거처를 옮겼다는 고사. 생활환경이 교육에서 큰 구실을 한다는 것을 일컫는 말

傷弓之鳥(상궁지조) : 활에 상처를 입은 새는 굽은 나무만 보아도 놀란다. 어떤 일에 봉변을 당한 뒤로 뒷일을 경계함을 이르는 말

桑田碧海(상전벽해) : 뽕밭이 바다가 된다. 세상의 변천이 심함을 가리킨다.

塞翁之馬(새옹지마) : 인생의 행복, 불행은 서로 인과관계가 있어 예측하거나 속단할 수 없다.

生殺與奪(생살여탈) : 생사(生死), 주고 빼앗음을 마음대로 하는 절대권력

席卷(석권) : 자리를 말다. 어떤 부분을 자신의 손아귀에 넣어 일인자가 되는 것을 비유하는 말

纖纖玉手(섬섬옥수) : 가냘프고 고운 여자의 손

城下之盟(성하지맹) : 항복하다.

歲月不待人(세월부대인) : 세월은 사람을 기다리지 않는다. 젊었을 때 학문에 힘쓰라는 말

世態炎涼(세태염량) : 사정에 따라 세태가 바뀌는 것을 비유하는 말

少年易老學難成(소년이로학난성) : 젊은 나이는 쉽게 가고 학문은 이루기 어렵다.

騷人墨客(소인묵객) : 시문(詩文)과 서화(書畫)를 일삼는 사람

束手無策(속수무책) : 어찌할 방책이 없어 꼼짝 못하는 것

手談(수담) : 손으로 나누는 대화. 바둑

水魚之交(수어지교) : 교분이 매우 깊다.

守株待兎(수주대토) : 그루터기에 앉아서 토기를 기다리다. 힘을 들이지 않고 요행을 바라다.

水淸無大魚(수청무대어) : 물이 너무 맑으면 큰 물고기가 모이지 않는다. 사람이 너무 지나치게 강직하면 사람들이 그를 두려워하여 마음 속 깊이 복종하지 않는다는 뜻

水火不相用(수화불상용) : 불과 불처럼 서로 용납되기 어려운 경우나 사물을 가리킨다.

脣亡齒寒(순망치한) : 입술이 없으면 이가 시리다. 서로 의지하는 사이에 하나가 망하면 다른 하나도 온전하기 어렵다.

尸位素餐(시위소찬) : 공은 없이 녹만 먹다.

識字憂患(식자우환) : 학식이 있는 것이 도리어 근심을 사게 된다는 말
食前方丈(식전방장) : 사방 한 발이나 도는 큰 상에 호화스런 음식을 차려 놓는다.
身言書判(신언서판) : 사람됨을 판단하는 4가지 기준. 풍채와 말씨와 문필과 판단력
身體髮膚受之父母(신체발부수지부모) : 신체와 머리카락과 피부는 모두 부모에게서 물려받은 것이다.
神出鬼沒(신출귀몰) : 귀신같이 나타났다가 감쪽같이 없어지다
實事求是(실사구시) : 사실에 의거하여 진리를 구하다.
失言(실언) : 말을 잃다. 경우에 맞지 않는 말을 하여 남에게 실례를 범하는 것을 이르는 말
十年樹木百年樹人(십년수목백년수인) : 인재양성의 중요성을 강조한 말. 10년 뒤를 보고 나무를 심고 100년 뒤를 보고 사람을 심는다.
十匙一飯(십시일반) : 많은 사람이 조금씩만 내면 한 그릇의 밥이 된다. 열 사람이 조금씩 부조하면 한 사람의 몫이 된다.
十日之菊(십일지국) : 국화는 9월 9일이 절정이므로 이미 때가 지났다는 말
阿鼻叫喚(아비규환) : 지옥 같은 고통에 못 이겨 구원을 부르짖는 소리
我田引水(아전인수) : 제 논에 물대기. 제게 이롭게만 행동함
眼下無人(안하무인) : 사람을 업신여기며 교만함
暗中摸索(암중모색) : 어두운 가운데에서 무엇인가 찾으려고 더듬거리다. 어림짐작으로 막연히 무엇을 알아내려 하거나 찾으려고 하는 것을 비유하는 말
壓卷(압권) : 책을 누르다. 많은 작품이나 경우 중에서 가장 뛰어난 것을 이르는 말
弱冠(약관) : 20살이 된 남자
弱肉强食(약육강식) : 약한 것이 강한 것에 먹힘
羊頭狗肉(양두구육) : 양의 탈을 쓴 늑대. 외면은 훌륭하나 속은 변변치 않음
梁上君子(양상군자) : 대들보 위에 있는 군자. 도둑을 일컫는 말
養虎遺患(양호유환) : 화근을 길러 근심을 삼
漁父之利(어부지리) : 서로 다투는 틈을 타 3자가 애쓰지 않고 가로챈 이득
語不成說(어불성설) : 말이 조금도 조리에 맞지 않음
如履薄氷(여리박빙) : 엷은 얼음을 밟듯 한다. 매우 위험하다
力拔山氣蓋世(역발산기개세) : 힘은 산을 뽑을 듯하고 기상은 천하를 뒤덮을 만하다. 용기와 기상이 뛰어난 것을 이르는 말
緣木求魚(연목구어) : 나무에서 물고기를 구하다. 불가능한 일을 꾀함

五里霧中(오리무중) : 사방 5리가 온통 안개로 뒤덮여 있다. 문제가 있으나 해결 방법을 몰라 이러지도 저러지도 못한 상태를 비유하는 말

寤寐不忘(오매불망) : 자나 깨나 잊지 못함

五色玲瓏(오색영롱) : 여러 가지 색이 한데 어울려 찬란하다.

五十步笑百步(오십보소백보) : 50보 달아난 사람이 100보 달아난 사람을 비웃다. 정도의 차이가 있을지라도 본질에 있어서는 마찬가지라는 말

吳越同舟(오월동주) : 원수지간에 같은 장소 처지에 놓이다.

烏合之衆(오합지중) : 갑자기 훈련도 조직도 없이 모여든 무리. 오합지졸

玉石俱焚(옥석구분) : 옥과 돌, 즉 선인과 악인 구별도 없이 함께 재앙 당함

溫故知新(온고지신) : 옛 것을 익혀 새 것을 안다.

蝸角之爭(와각지쟁) : 사소한 것을 가지고 다툰다.

臥薪嘗膽(와신상담) : 섶에 누어 자고, 쓴 쓸개를 맛본다. 원수를 갚기 위해 갖은 고생을 다한다.

玩物喪志(완물상지) : 쓸데없는 물건을 가지고 장난을 치는 데 정신이 팔려 소중한 자신의 본바탕을 잃어버리다. 물질이나 노는 데 골몰하여 자신이 세운 원래 목표를 상실한다는 말

外柔內剛(외유내강) : 겉으로는 부드럽고 순하게 보이나 속은 꿋꿋하고 곧음

樂山樂水(요산요수) : 산수를 좋아함

欲速不達(욕속부달) : 급하게 서두르면 도달하지 못한다.

龍頭蛇尾(용두사미) : 처음에는 그럴듯하다가 나중에는 흐지부지한 것

憂愁思慮(우수사려) : 근심과 걱정

牛耳讀經(우이독경) : 쇠구에 경 읽기. 아무 소득이 없는 헛된 일

羽化登仙(우화등선) : 날개가 돋아 신선이 되어 날아가다.

雲上氣稟(운상기품) : 속됨을 벗어난 착하고 고상한 기질과 성품. 왕족 기풍

遠交近攻(원교근공) : 먼 나라와 친하고 가까운 나라는 쳐서 점차 영토를 넓힌다.

遠禍召福(원화소복) : 불행은 물리치고 복은 불러들인다.

爲人說項(위인설항) : 남을 칭찬하거나 남을 위해 부탁하는 것을 비유하는 말

韋編三絶(위편삼절) : 책을 묶은 가죽 끈이 3번이나 끊어지다. 독서에 열심인 것을 비유하여 이르는 말

類萬不同(유만부동) : 모든 것이 서로 같지 않다.

有備無患(유비무환) : 미리 준비를 해 두면 후에 걱정할 일이 없다.

維新(유신) : 새롭다. 혁명이나 폭동과 같은 강제적인 힘에 의한 변화가 아니라

자체 내에서 점진적인 개혁을 이루는 것을 이르는 말
有耶無耶(유야무야) : 있는지 없는지 모를 정도로 희미하다.
類類相從(유유상종) : 같은 부류끼리 서로 따르면 의좋게 지내다.
意氣揚揚(의기양양) : 흥이 나서 기세가 당당하다.
以小事大(이소사대) : 작은 것이 큰 것을 섬긴다.
以心傳心(이심전심) : 마음으로써 마음을 전하다.
利用厚生(이용후생) : 기물의 사용을 편리하게 하고 재물을 풍족하게 하여 백성의 생활을 윤택하게 하는 것을 말함
理判事判(이판사판) : 일이 막다른 곳에 다다라 어쩔 수 없게 되었을 때 자포자기하는 심정으로 내리는 결정. 불교 교단을 양분해서 부르는 이판승사판승(理判僧事判僧)에서 온 말.
耳懸鈴鼻懸鈴(이현령비현령) : 귀에 걸면 귀걸이, 코에 걸면 코걸이
因果應報(인과응보) : 좋은 일에는 좋은 결과가 따르고 나쁜 일에는 나쁜 결과가 온다.
人生三樂(인생삼락) : 맹자가 말하는 인생의 3가지 즐거움
因循姑息(인순고식) : 구습을 고치지 아니하고 눈앞의 편안함만 취한다.
一擧手一投足(일거수일투족) : 손을 한 번 들고 발을 한 번 들다. 사람이 하는 모든 행동거지 하나하나를 이르는 말
一擧兩得(일거양득) : 한 가지 일을 하여 두 가지 이득을 얻음
一網打盡(일망타진) : 한꺼번에 모조리 잡다.
一面如舊(일면여구) : 단 한 번 만나서 수귀고 옛 친구처럼 친해진다.
一鳴警人(일병경인) : 한 마디로 사람을 놀라게 한다.
日薄西山(일박서산) : 나이가 들어 목숨이 얾마 남지 않았음을 비유하는 말. 일락서산(日落西山)
一瀉千里(일사천리) : 일이 멈춤 없이 진행된다.
一言以蔽之(일언이폐지) : 전체의 뜻을 한 마디의 말로 덮어 말한다.
一葉落地天下秋(일엽낙지천하추) : 오동잎 하나가 떨어지는 것으로 천하의 가을을 안다. 사소한 한 가지 일로 큰일을 미루어 짐작할 수 있음
一日三秋(일일삼추) : 만나고 싶은 마음이 간절하여 하루가 3년 같이 생각됨
一場春夢(일장춘몽) : 한바탕의 꿈처럼 헛된 영화
一陣狂風(일진광풍) : 한바탕 부는 사나운 바람
日就月將(일취월장) : 날로 달로 발전되어 간다.

一敗塗地(일패도지) : 여지없이 패하여 다시 일어날 수가 없다.
一片丹心(일편단심) : 한 조각의 충성된 마음
臨機應變(임기응변) : 때와 곳에 따라 그때그때 알맞은 수단고 방법을 사용
自家撞着(자가당착) : 자기 언행에 모순이 많아서 앞뒤가 서로 맞지 않다.
自激之心(자격지심) : 스스로 한 일을 미흡하게 생각한다.
自繩自縛(자승자박) : 자기의 줄로 자신을 묶는다. 스스로 자신을 망친다.
自然淘汰(자연도태) : 자연적 환경에 맞는 것은 남고 그렇지 않은 것은 없어진다.
自暴自棄(자포자기) : 스스로 몸가짐이나 행동을 마구 되는대로 함
自畵自讚(자화자찬) : 제가 한 일이나 행동을 스스로 칭찬하여 자랑함
作心三日(작심삼일) : 한 번 결심한 마음이 사흘을 가지 못한다.
長廣舌(장광설) : 길고 넓은 혀. 교묘하고 막힘이 없는 웅변을 비유적으로 이르는 말
張三李四(장삼이사) : 평범한 인물
適口之餠(적구지병) : 입에 맞는 떡
賊反荷杖(적반하장) : 당연히 굴복하여야 할 사람이 도리어 반항하고 덤벼든다.
積善之家必有餘慶(적선지가필유여경) : 착한 일을 한 집안에는 반드시 남은 경사가 있다.
積小成大(적소성대) : 적은 것도 거듭 쌓이면 많아진다.
戰戰兢兢(전전긍긍) : 몹시 두려워서 조심한다.
輾轉反側(전전반측) : 누워서 이리 뒤척 저리 뒤척 하며 잠을 못 이룬다.
轉禍爲福(전화위복) : 화가 바뀌어서 오히려 복이 됨
切磋琢磨(절차탁마) : 학문과 덕행을 닦는다.
漸入佳境(점입가경) : 점차 아름다운 상황으로 접어든다.
正經大原(정경대원) : 바르고 떳떳한 큰 원칙
正鵠(정곡) : 과녁의 한가운데를 맞추다. 옛날에는 과녁의 한가운데에 고니를 그려 붙인 것에서 유래하여 핵심을 꿰뚫는 경우를 비유한 말
頂門一鍼(정문일침) : 사람을 크게 놀라도록 깨우치다.
井底之蛙(정저지와) : 우물 안 개구리. 견문이 좁고 세상 형편을 모르는 사람
糟糠之妻(조강지처) : 가난한 땡 겨와 찌꺼기를 같이 먹으며 고생한 아내
朝令暮改(조령모개) : 아침에 명령을 내리고 저녁에 고친다. 법령을 자주 고친다.
朝飯夕粥(조반석죽) : 아침에는 밥을 먹고 저녁에는 죽을 먹는 가난한 생활
朝變夕改(조변석개) : 아침저녁으로 고쳐 이랬다저랬다 한다. 쉬지 않고 늘 변한다.

朝三暮四(조삼모사) : 속임수로 어리석은 이를 농락한다. 송나라 사람과 원숭이의 고사

鳥足之血(조족지혈) : 새발의 피. 극히 적은 분량

左之右之(좌지우지) : 제 마음대로 자유롭게 처리함. 남을 마음대로 지휘함

走馬看山(주마간산) : 바빠서 자세히 관찰을 못하고 지나치다. 走馬看花

走馬加鞭(주마가편) : 달리는 말에 채찍을 더하다. 근면하고 성실한 사람을 더욱 편달함

酒池肉林(주지육림) : 호화로운 술자리. 호화로운 생활

衆寡不敵(중과부적) : 적은 것은 많은 것을 대적할 수 없다.

竹馬故友(죽마고우) : 어릴 때부터 같이 놀던 친구

衆人環視(중인환시) : 뭇사람이 둘러서서 보다.

櫛風沐雨(즐풍목우) : 어지러운 세상 속에서 어려움과 고생을 겪고 맛보다.

指鹿爲馬(지록위마) : 사슴을 가리켜 말이라고 하다. 고의로 진상을 가리고 시비를 바꾸어 모략하는 것을 비유적으로 이르는 말

支離滅裂(지리멸렬) : 이리저리 흩어져 갈피를 잡을 수가 없다.

知音(지음) : 음악을 잘 아는 사람. 보통 막역한 친구를 이르는 말로 쓰임

知彼知己(지피지기) : 지기와 상대의 형편을 알다.

珍羞盛饌(진수성찬) : 맛이 좋고 많이 잘 차린 음식

進退維谷(진퇴유곡) : 앞으로 나아갈 수도 뒤로 물러설 수도 없다.

嫉逐排斥(질축배척) : 시기하고 미워하여 물리치다.

天高馬肥(천고마비) : 하늘이 높아지고 말이 살찌는 계절. 가을

千慮一得(천려일득) : 아무리 우둔한 사람이라도 많이 생각하면 한 가지쯤은 좋은 생각을 해낼 수 있다.

天方地軸(천방지축) : 매우 급해서 허둥거리는 모습. 어리석은 사람이 갈 바를 몰라 두리번거리는 모습

泉石膏肓(천석고황) : 자연을 사랑함이 고치지 못할 병처럼 굳어지다.

天衣無縫(천의무봉) : 문장이 자연스러워 접속한 흔적이 없다.

千仞萬丈(천인만장) : 천 길 만 길. 매우 깊고 높은 것

千紫萬紅(천자만홍) : 울긋불긋한 여러 가지 빛깔의 꽃

千載一遇(천재일우) : 좀처럼 만나기 어려운 기회

天眞爛漫(천진난만) : 하늘에서 내려준 그대로의 순결한 마음

千篇一律(천편일률) : 천 편이나 되는 많은 글이 모두 한 가지 운률로 짜여져 있다.

작품이나 상황이 별로 발전이 없거나 변화가 적은 경우를 비유하는 말

鐵面皮(철면피) : 얼굴에 철판을 깔았다는 뜻으로 부끄러움을 모르고 뻔뻔한 사람을 비유하는 말

淸白吏(청백리) : 재물을 탐하지 않고 맑고 깨끗한 마음을 가진 관리

靑天白日(청천백일) : 푸른 하늘의 맑은 태양. 누구나 인정하는 당연한 상황이나 일을 비유하는 말

靑天霹靂(청천벽력) : 마른하늘에 날벼락. 예기치 못한 곤란이나 큰 사고를 말함

靑山流水(청산유수) : 거침없이 잘한다.

靑雲之志(청운지지) : 청운의 뜻. 지도의 고결함. 높은 벼슬에 오름

靑藍之敎(청람지교) : 제자가 스승보다 훌륭하다.

靑出於藍(청출어람) : 쪽에서 나온 물감이 쪽보다 더 푸르다. 제자가 스승보다 낫다.

寸鐵殺人(촌철살인) : 짧은 경구(警句)로 사람의 급소를 찌르다.

春雉自鳴(춘치자명) : 묻지도 않은 말을 하다. 때가 되면 저절로 이루어지는 일

出沒無雙(출몰무쌍) : 들고 남이 비교할 만한 것이 없다.

取捨選擇(취사선택) : 취할 것과 버릴 것을 가린다.

醉生夢死(취생몽사) : 덧없이 살다가 덧없이 죽으니 인생은 허무하다.

七去之惡(칠거지악) : 아내를 내쫓을 수 있는 7가지 악행. 부모에게 순종하지 않는 것. 아들을 못 낳는 것. 부정한 행동을 한 것, 나쁜 질병에 걸린 것, 투기(妬忌)가 심한 것, 말이 많은 것, 손버릇이 나쁜 것 등의 7가지이다.

七寶丹粧(칠보단장) : 많은 패물로 단장하다.

七顚八起(칠전팔기) : 어려운 고비를 많이 겪다.

七縱七擒(칠종칠금) : 7번 놓아주고 7번 잡는다. 자유자재로운 전술

沈思熟考(침사숙고) : 깊이 정신을 모아서 조용히 생각하다. 심사숙고

針小棒大(침소봉대) : 사물을 과장해서 말하다.

他山之石(타산지석) : 다른 산에서 난 돌도 자기의 구슬을 꿰는 데 소용이 된다. 남의 경우도 나에게 도움이 된다.

打草警蛇(타초경사) : 숲을 건드려 뱀을 놀라게 하다. 일처리가 민첩하지 못하고 행동이 신중하지 못해서 남들의 경계심을 자아내는 행동을 비유하는 말

泰山北斗(태산북두) : 학문적인 성과나 덕이 높은 사람을 비유적으로 이르는 말

兎死狗烹(토사구팽) : 토끼를 잡고 나면 사냥개를 잡아먹는다. 일시적으로 사람을 이용하고는 목적이 이루어지면 버리는 것

破鏡(파경) : 부부가 인연을 끊음

破落戶(파락호) : 몰락한 가문. 또는 경우 없이 마구잡이로 노는 건달이나 불량배

波瀾重疊(파란중첩) : 생활이나 일의 진행에 있어서 변화나 기복이 많음

破竹之勢(파죽지세) : 대나무가 쪼개지는 것 같은 왕성한 기운. 세력이 워낙 빠르게 확산되어 누구도 막을 수 없는 경우를 비유적으로 이르는 말

風餐露宿(풍찬노숙) : 큰 뜻을 이루려는 사람이 고초를 겪는 모양

汗牛充棟(한우충동) : 소가 땀을 흘릴 만큼의 무게와 집안의 대들보에 찰 정도의 양. 서적이 많음

咸興差使(함흥차사) : 심부름 간 사람이 돌아오지 않거나 아무 소식이 없다.

偕老同穴(해로동혈) : 살아서는 함께 늙다가 죽어서는 같은 무덤에 들어 영원히 함께 삶. 부부 사이에 금슬이 좋은 것을 비유하는 말

虛心坦懷(허심탄회) : 마음에 아무 거리낌 없이 터놓고 솔직히 말하다.

螢雪之功(형설지공) : 고생하며 공부하여 마침내 큰 보람을 얻다.

形而上(형이상) : 눈으로 볼 수 있는 것 이상. 정신적인 차원의 것을 이르는 말

互角之勢(호각지세) : 서로 뿔을 맞대고 있는 형세. 조금도 양보 없이 대등하게 겨루고 있는 것을 비유하는 말

糊口之策(호구지책) : 먹고 살아갈 방법

好事多魔(호사다마) : 좋은 일에는 나쁜 일도 뒤따른다.

虎死留皮(호사유피) : 호랑이는 죽어서 가죽을 남기고 사람은 죽어서 이름을 남긴다. 호랑이가 죽어서 가죽은 남기듯, 사람도 죽은 뒤에 이름을 남겨야 한다.

好生之德(호생지덕) : 생물이 살아 있는 것을 좋아하는 덕. 훌륭한 정치는 살아 있는 사람을 염려하고 배려하는 것에서 나온다는 뜻으로 쓰는 말

虎視眈眈(호시탐탐) : 사나운 눈으로 기회를 엿보다.

浩然之氣(호연지기) : 공명정대하고 막힘이 없는 기상

昏定晨省(혼정신성) : 조석으로 부모 잠자리를 지성으로 돌봄

紅一點(홍일점) : 유일하게 핀 한 떨기 붉은 꽃. 남성 가운데 여성이 혼자 끼어 있을 때 쓰는 말

畵龍點睛(화룡점정) : 양나라의 승요가 용을 그리고 눈동자를 그렸더니 하늘로 올라갔다는 고사. 사장 긴요한 곳에 손대어 활기 있게 만들다.

荒唐無稽(황당무계) : 하는 일이 너무 어처구니가 없어 달이 그런 경우를 찾기 어렵다.

膾炙人口(회자인구) : 누구나 다 칭찬해 마지않다. 또는 널리 사람들에게 이야기 되다.

嚆矢(효시) : 울리면서 날아가는 화살. 옛날에는 전투를 시작할 때 신호로서 날아가면서 소리가 나는 화살을 쏘아 올렸던 것에서 유래하여 어떤 일의 시작이나 그 일을 시작한 사람을 나타내는 뜻으로 쓰임

後生可畏(후생가외) : 젊은 후배들은 두려워 할 만 하다는 뜻. 곧 젊은 후배들은 선의의 가르침을 배워 어떤 훌륭한 인물이 될지 모르기 때문에 두렵다.

厚顔無恥(후안무치) : 낯가죽이 두꺼워 뻔뻔스럽고 부끄러움이 없음

저자약력

양 무 석

- 충남대학교 철학과 학사
- 충남대학교 대학원 서양철학 석사
- 동국대학교 대학원 서양철학 박사
- 충남대, 한남대, 대전대, 청주대 등에서 강의
- 장례지도사자격검정원장
- 전국장례지도과교수협의회장
- 장례지도사협회추진위원장
- (현) 대전보건대학 장례지도과 교수

상장제의례 한문

인 쇄 | 2017년 2월 28일
발 행 | 2017년 2월 28일

저 자 | 양 무 석
발행인 | 박 상 규
발행처 | **도서출판 보성**

주 소 | 대전광역시 동구 태전로126번길 6
전 화 | (042) 673-1511
팩 스 | (042) 635-1511
E-mail | bspco@hanmail.net
등록번호 | 61호
ISBN 978-89-6236-156-8 93720

정가 14,000원